Willigis Jäger

# Klang des Göttlichen

Willigis Jäger

# Klang des Göttlichen

## Die Weisheit Jesu

Inspirationen für den Alltag

Herausgegeben von

Winfried Nonhoff

*Vier-Türme-Verlag*

Strahlend und unvergänglich ist die Weisheit; wer sie liebt, erblickt sie schnell, und wer sie sucht, findet sie. Denen, die nach ihr verlangen, gibt sie sich sogleich zu erkennen. Wer sie am frühen Morgen sucht, braucht keine Mühe, er findet sie vor seiner Türe sitzen. Über sie nachzusinnen ist vollkommene Klugheit; wer ihretwegen wacht, wird schnell von Sorge frei. Sie geht selbst umher, um die zu suchen, die ihrer würdig sind; freundlich erscheint sie ihnen auf allen Wegen und kommt jenen entgegen, die an sie denken.

Weisheit 6,12–16

# VORWORT

## *Strahlend und unvergänglich ist die Weisheit*

Lassen sich auch heute Erfahrungen mit alter, ja uralter Weisheit machen, die tragen, irritieren, korrigieren, also inspirieren? – Vermutlich leben viele mit ihren Lieblingstexten, summen ihre Lieblingslieder, kehren immer wieder zu bestimmten Bildern oder vielleicht Orten zurück. Sie verbinden diese mit erhellenden oder gar erschütternden Widerfahrnissen ihres Lebens.

Es ist etwas Geheimnisvolles, das zwischen überlieferten Kundgaben und uns Heutigen schwingen muss, damit sie uns zur Weisheit, zur Inspiration werden. Denn oft genug laufen wir durch Urwälder von Informationen aus vielen Zeiten – und nichts passiert. Kein Funke springt über. Umso wertvoller, wenn wir die Weisheit als »strahlend und unvergänglich« erleben. Korrespondenzen zwischen unserer inneren Gestimmtheit, unseren sich wandelnden Lebenssituationen und dem Überlieferten stellen sich dann ein. Oder: Solche Entsprechungen werden uns aufgeschlossen durch lebenskluge Begleiterinnen und Begleiter.

## *Wer die Weisheit sucht, findet sie*

Eine gewisse Bereitschaft, sich inspirieren zu lassen, mit Großem zu rechnen, ist schon nötig. Wer keine Antennen ausfährt, wird schwerlich Signale empfangen. Obwohl es auch das gibt: Dass einen beizeiten Weisheit erwischt, sie wie ein plötzlicher Donnerschlag einbricht. Ob sich aber in einem solch existenziellen Augenblick nicht doch längst in unserem Inneren eine Sehnsucht nach Wandlung die Bahn brechen will? – Auf alle Fälle lässt sich die Weisheit finden. An vielen Orten, bei vielen Anlässen. Einen der Such-Plätze wählt dieses Buch: neutestamentliche Zeugnisse von Jesus – diese allerdings nur in vergleichsweise subjektiver, knapp bemessener, aber hoffentlich sprechender Auswahl.

## Er findet die Weisheit vor seiner Türe sitzen, sie geht selbst umher

Weisheit ist da. Doch Weisheit erschließt sich mir wohl nur, wenn sie mich berührt, wenn sie mich für ihre wirkmächtigen Möglichkeiten durchscheinend findet oder befähigt, für sie durchlässig zu werden. Manchmal aber scheint Weisheit hermetisch verschlossen zu sein. Wie kann ich sie dann vor meiner Tür sitzen sehen?

Offene Augen, lauschende Ohren sind das eine. Das andere sind Botschafter, Weisheits-Lehrer: Wir könnten doch manchmal Hebammen brauchen! Menschen, denen wir vertrauen, dass sie uns rechte Worte zu sagen haben; die über Jahre Erfahrungen erworben haben; die selbst transparent geworden sind; die uns helfen, weil sie uns mit Recht auffordern können und dürfen: Schaut dorthin, hört zu, besser: Hört in Euch hinein, nehmt euch Zeit! Sie vermitteln dabei: Du findest, weil du schon längst hast.

Mir ergeht es so mit Willigis Jäger. Deshalb finden sich in diesem Buch zur Weisheit Jesu von ihm deutende, die Augen öffnende Inspirationen. Weisheit von einst vermag zur Weisheit für heute zu werden durch Menschen, die – selbst transparent – die Weisheit durchschimmern lassen können.

### *Wer der Weisheit wegen wacht, wird schnell von Sorge frei*

Das ist ein Versprechen, dem aber wieder eine Haltung vorausgeht: wachen. Mir gefällt der Gedanke des Geweckt-Werdens. Wer also wach ist, geweckt wurde, und zwar der Weisheit wegen, der wird beschenkt. Das ist in der Tat eine wundersame Erfahrung: Ich höre auf etwas; eine korrespondierende Schwingung stellt sich ein; eine innere Ressource wird angestochen; für einen Moment klärt sich meine augenblickliche Erfahrung und Umwelt; eine Kontinuität über die Zeiten wirkt heilend, weil entlastend und nach vorne inspirierend. Ich muss wirklich nicht jeden Tag meine Sorgen selbst und allein stemmen. Entdeckte Weisheit macht frei und lässt atmen. Ja, das sind die Inspirationen, die mich weiter laufen lassen.

## Freundlich erscheint die Weisheit auf allen Wegen

Weisheit ist etwas Aktives, sie ruht nicht in eingebunkerten Kultur-Tresoren. Verschlossen, nur Fachleuten, Gurus, ihr Heiligtum hütenden Priestern, Vermutungs-Techniken beherrschenden Therapeuten zugänglich. Weisheit liegt – als Möglichkeit – in dir, in mir, in der Natur, in gesellschaftlichen Bewegungen, in freundschaftlichen oder kontroversen Begegnungen ...

Wenn dann das, was hier an Erkenntnis aufbricht, wirklich Weisheit ist, zur Inspiration wird, dann wirkt sie »freundlich«. Das will für uns beispielsweise heißen: In Konfrontation mit Texten der Jesus-Tradition, auch mit Menschen, die sie auslegen, kann ich mich erbauen, auch ärgern oder versenken.

Wichtig ist, dass sich etwas in mir rührt; dass schlussendlich gleichgültig wird, von wem ich den Anstoß zum Augenöffnen erhielt. Denn bei mir setzt nun ein unverwechselbarer, nur mir eigener Prozess ein, der vielleicht einst einen Impuls von außen benötigte. Jetzt aber blitzt der Funken in mir. Was wird er auslösen? Zu welchen Einsichten werde ich gelangen?

Orientiert sich in mir etwas um? Erfüllen mich Frieden und Mut? – Ich selbst werde mir als Träger der Weisheit bewusst: welche Freude! – Und: welche Dankbarkeit auch jenem Weisheitslehrer aus Nazareth gegenüber, der freundlich und vielleicht lange auf mich gewartet hat. – Und wie viel Sympathie für Willigis Jäger, der über Jahrzehnte Weisheit auch auf den Wegen Jesu erschließt: selbst transparent, uns zur Transparenz befähigend.

*Winfried Nonhoff*

# DIE REISE

Ein Mann hatte zwei Söhne. Der jüngere von ihnen sagte zu seinem Vater: Vater, gib mir das Erbteil, das mir zusteht. Da teilte der Vater das Vermögen auf. Nach wenigen Tagen packte der jüngere Sohn alles zusammen und zog in ein fernes Land. Dort führte er ein zügelloses Leben und verschleuderte sein Vermögen. Als er alles durchgebracht hatte, kam eine große Hungersnot über das Land, und es ging ihm sehr schlecht. Da ging er zu einem Bürger des Landes und drängte sich ihm auf; der schickte ihn aufs Feld zum Schweinehüten. Er hätte gern seinen Hunger mit den Futterschoten gestillt, die die Schweine fraßen; aber niemand gab ihm davon. Da ging er in sich und sagte: Wie viele Tagelöhner meines Vaters haben mehr als genug zu essen und ich komme hier vor Hunger um. Ich will aufbrechen und zu meinem Vater gehen und zu ihm sagen: Vater, ich habe mich gegen den Himmel und gegen dich versündigt. Ich bin nicht mehr wert, dein Sohn zu sein; mach mich zu einem deiner Tagelöhner. Dann brach er auf und ging zu seinem Vater. Der Vater sah ihn schon von weitem kommen, und er hatte Mitleid mit ihm. Er lief dem Sohn entgegen, fiel ihm um den Hals und küsste ihn. Da sagte der Sohn: Vater, ich habe mich gegen den Himmel und gegen dich versündigt; ich bin nicht mehr wert, dein Sohn zu sein. Der Vater aber sagte zu seinen Knechten: Holt schnell das beste Gewand und zieht es ihm an, steckt ihm einen Ring an die Hand und zieht ihm Schuhe an. Bringt das Mastkalb her und schlachtet es; wir wollen essen und fröhlich sein. Denn mein Sohn war tot und lebt wieder; er war verloren und ist wiedergefunden worden. Und sie begannen, ein fröhliches Fest zu feiern. Sein älterer Sohn war unterdessen auf dem Feld. Als er heimging und in die Nähe des Hauses kam, hörte er Musik und Tanz. Da rief er einen der Knechte und fragte, was das bedeuten solle. Der Knecht antwortete: Dein Bruder ist gekommen, und dein Vater hat das Mastkalb schlachten lassen, weil er ihn heil und gesund wiederbekommen hat. Da wurde er zornig und wollte nicht hineingehen. Sein Vater aber kam heraus und redete ihm gut zu. Doch er erwiderte dem Vater: So viele Jahre schon diene ich dir, und nie habe ich gegen deinen Willen gehandelt; mir aber hast du nie auch nur einen Ziegenbock geschenkt, damit ich mit meinen Freunden ein Fest feiern konnte. Kaum aber ist der hier gekommen, dein Sohn, der dein Vermögen mit Dirnen durchgebracht hat, da hast du für ihn das Mastkalb geschlachtet. Der Vater antwortete ihm: Mein Kind, du bist immer bei mir, und alles, was mein ist, ist auch dein. Aber jetzt müssen wir uns doch freuen und ein Fest feiern; denn dein Bruder war tot und lebt wieder; er war verloren und ist wiedergefunden worden.

Lukas 15,11–32

Die Parabel vom Verlorenen Sohn findet sich in vielen Kulturen und Religionen. Diese Geschichte zeigt uns den Weg, den wir gehen. Sie ist gleichsam ein Spiegel, in dem wir unseren eigenen Lebensprozess erkennen können; denn offensichtlich haben wir vergessen, wer wir eigentlich sind.

Der Vater symbolisiert unseren Wesensgrund, unsere Heimat, unseren göttlichen Ursprung, unsere Mitte, Gott. Der jüngere Sohn symbolisiert unser Ich-Bewusstsein. Wir können uns leicht mit ihm identifizieren. Er agiert, wie wir es gewohnt sind, bevor wir wissen, wer wir wirklich sind. Wir denken und handeln dualistisch, egozentrisch, narzisstisch, vordergründig und einseitig. Dieser Weg führt notgedrungen ins Elend, denn Leid ist die natürliche Folge des Besitzenwollens und Sich-Abtrennens vom Wesensgrund. Dieses Leid befällt uns Menschen, wenn wir alles durchgebracht haben, wenn wir allem nachgejagt sind und jede Ersatzbefriedigung versucht haben. Wir müssen leider oft hinuntersteigen bis zum Schweinehirten. Nur der Leidensdruck scheint uns dann auf den richtigen Weg zu bringen. Leid ist immer das Erkennungszeichen des Ego. Seinen Egoismus kann man vielleicht vertuschen, nicht aber seine Wirkung, denn die Wirkung des Egoismus ist immer Leid. Es gibt einen Schlager, in dem der Satz steht: »Du kannst das Feuer zwar verbergen, was aber machst du mit dem Rauch?« Der Rauch, das ist das Leid des Feuers Egoismus.

Diese Parabel ist unsere eigene Geschichte. Die Geschichte unserer Transformation. Wir kommen aus Gott. Diese Geschichte nennt diesen Urgrund Vater. Vater, das ist dieser Ozean des Lebens, und unser Ich-Bewusstsein ist wie eine Welle auf diesem Ozean. Die Welle mag sich eine Zeit lang der vermeintlichen Trennung freuen. Sie meint vielleicht sogar, ohne diesen Ozean leben zu können. Sie kann unter Umständen sogar den Ozean für das große Hindernis der Freiheit halten, bis sie eines Tages merkt, dass sie selbst Ozean ist.

Wohl dem Menschen, der rechtzeitig mit seinem Suchen an ein Ende kommt und erkennt, dass er umkehren muss, wie der jüngere Sohn in der Geschichte. Wohl dem Menschen, dessen Leidensdruck so stark ist, dass er nicht mehr anders kann, als umzukehren und einzusehen, dass er beim Vater alles in Fülle hat, da er ja die Quelle des Lebens ist. Alles haben wir von ihm. Wir müssen nur erkennen, dass die erträumte Unabhängigkeit eine Illusion ist und in die Entfremdung führt.

Die Heimkehr ist signalisiert mit dem Ring, den Schuhen und dem Fest. Es ist schlimm, dass man diese Parabel zum moralischen Paradestück gemacht hat. Denn in der Geschichte gibt es eigentlich keinen moralischen Zeigefinger, auch kein Bußgewand und kein »Ich hab dir's ja gleich gesagt«, sondern ein Festkleid für den heimgekehrten Sohn. Da ist Einsicht, Angekommensein, Vollendung und Transformation. Die Parabel ist wirklich unsere eigene Geschichte. Sie ist unser Lebensskript. Die Geschichte soll uns helfen, uns zu öffnen und über alle Überlegungen hinaus in die Einheit zu finden. Dann beginnt unser eigentliches Leben, denn dann können wir hinausziehen oder daheimbleiben. Dann gibt es weder draußen noch drinnen. Dann erfahren wir alles als Ausdruck unseres Wesens, als Form Gottes. Dann gibt es nicht mehr gut und böse, nicht mehr oben und unten und auch nicht mehr reich und arm.

Aber dann west in uns auch ein neues Gesetz, das wir Menschen Liebe nennen. Wir werden dann zwar nicht mehr alles tun, was möglich ist. Die Liebe wird die Norm für unser Verhalten sein. Und wir werden mit Augustinus sprechen können: »Liebe, und dann tue, was du willst!«

Erstaunt stellte ich fest, dass es auch in Zentralasien die Erzählung vom »Verlorenen Sohn« gibt. Es handelt sich bei dieser Geschichte wohl um altes mystisches Erzählgut. Das Kind des Königs geht verloren. Es vergisst, wer es ist und wo es hingehört. Eines Tages sieht der Vater den inzwischen erwachsenen Sohn als Bettler vor seinem Schloss stehen. Er lässt ihn hereinholen. Langsam steigt dieser die Stufenleiter vom Gärtner bis zum obersten Minister empor. Auf dem Sterbebett erklärt der Vater den Umstehenden: »Das ist mein Sohn und Erbe. Er war verloren und ist zurückgekehrt.« Kein drohender Zeigefinger, keine Schuldzuweisung, einzig Freude über die Heimkehr des Sohnes, wie sie auch im Gleichnis vom Verlorenen Sohn im Neuen Testament zum Ausdruck kommt.

Diese Erzählung lehrt uns, dass wir nichts werden müssen, sondern dass wir bereits etwas sind. Wir haben jedoch vergessen, wer wir sind.

In der christlichen Predigt wird dieses Gleichnis leider oft moralisch gedeutet. In Wirklichkeit ist es ein Hinweis auf unsere göttliche Herkunft ...

Wir gehören in diese Familie »Gott«. Gott wiederum ist eine Bezeichnung für die eine Wirklichkeit, für Leerheit und Form, für Vater und Sohn.

Wohl dem Menschen, der rechtzeitig mit seinem Suchen an ein Ende kommt und erkennt, dass er umzukehren hat. Wohl dem Menschen, dessen Leidensdruck so stark ist, dass er nicht mehr anders kann, als umzukehren. Unsere Reise ist gleichsam die Reise eines Bumerangs, der zu seinem Ausgangspunkt zurückkehrt. Aber Umkehr allein reicht nicht aus, wir müssen restlos absorbiert werden von unserem wahren Selbst, von Gott. Es gilt, unsere Gottähnlichkeit zu erfahren. Der Vater ist die Quelle des Lebens für beide Söhne. Alles haben sie von ihm. Sie müssen erkennen, dass Unabhängigkeit eine Illusion ist und in die Entfremdung führt.

Die Heimkehr ist signalisiert mit dem Festgewand, dem Ring, den Schuhen und dem Fest. Auch der ältere Sohn vollzieht eine Transformation. Er erkennt, dass er alles hat, was dem Vater gehört, dass es kein Getrenntsein gibt. Dass er eins ist mit dem Vater. Solange er aber nach Lohn und Vergeltung und Anerkennung hungert, lebt er getrennt. Das Fest am Ende der Parabel ist die Vollendung der Transformation. Dort sind alle eins, der Vater, der ältere und der jüngere Sohn.

# DER HORIZONT

Da sagte Maria: Ich bin die Magd des Herrn; mir geschehe, wie du es gesagt hast. Danach verließ sie der Engel.

Lukas 1,38

Es ist die Hingebungskraft des Kosmos, die wir in der Gestalt der Frau feiern und die uns in der Gestalt Mariens ins Bewusstsein gerufen wird. Die Schöpfung selber ist weiblich. Sie existiert nur aus der Kraft Gottes. Wir Menschen existieren nicht anders. Unser Wesen ist Hingabe, ganz gleich, ob wir Mann oder Frau sind.

Wir haben Jungfrau zu sein, die empfängt, das heißt, wir haben Empfangende zu sein, nur dann können wir auch Gott gebären. Ob Maria biologisch gesehen Jungfrau war, ist ohne Bedeutung. Der Mythos der Jungfrauenschaft verkündet eine spirituelle Wahrheit. Maria hat im »Fiat« (»es geschehe«) ihr Ich geopfert. Sie hat allem Machertum abgesagt. »Mir geschehe nach deinem Wort.« Unser Ich zu lassen, das ist es, was wir auf unserem Weg einüben. Maria stellt sich uns dar als reine Empfänglichkeit. Sie kann Gott empfangen und gebären. In ihr kann sich die »Gottesgeburt« vollziehen. Darin liegt auch ihre und unsere Miterlöserschaft, nicht im männlichen Tun, sondern im Empfangen und Gebären, im Gebären der Werke Gottes, wie Meister Eckhart sagt.

*Als sie den Stern sahen, wurden sie von sehr großer Freude erfüllt. Sie gingen in das Haus und sahen das Kind und Maria, seine Mutter; da fielen sie nieder und huldigten ihm. Dann holten sie ihre Schätze hervor und brachten ihm Gold, Weihrauch und Myrrhe als Gaben dar. Weil ihnen aber im Traum geboten wurde, nicht zu Herodes zurückzukehren, zogen sie auf einem anderen Weg heim in ihr Land.*

Matthäus 2,10–12

An Weihnachten feierten wir die Menschwerdung Gottes. Der Akzent lag auf »Fleisch geworden«. Das morgige Fest nennen wir Epiphanie Gottes, also die Erscheinung des Göttlichen, das Aufscheinen des Göttlichen. Im Text scheint es den Magiern auf in diesem Kind. Das ist die mythische Einkleidung eines sich ständig wiederholenden Ereignisses im Menschen. Epiphanie soll sich auch in uns ereignen. Was hat uns der Mythos hier und jetzt zu sagen? Wir sind die Magier. Wir kommen von weit her gegangen, wie wir gleich singen werden, aus der Dunkelheit der Ichzentrierung. In dieser Dunkelheit sieht die Welt ganz anders aus – »verhangen« und »dunkel«, sagt das Lied. Auch wir haben erst bei Herodes gesucht und in vielen Palästen, bis wir erkannt haben: Dort ist es nicht zu finden. Es scheint in den einfachen Dingen und Ereignissen des Lebens auf, im Hier und Jetzt des Alltags, so wie es den Magiern in diesem Kind aufschien.

Aber es dauert lange, bis wir erkennen, es ist in jeder Blume, in jedem Stein, in jedem Menschen. Damit wir das lernen, feiern wir Eucharistie. So wie es in Brot und Wein aufscheint, scheint es in allem auf, wenn unsere Augen sehend geworden sind.

Das Göttliche Kind ist Symbol für alles, was geschaffen ist. »In ihm ist alles erschaffen«, sagt Johannes. »Er ist das Haupt der Schöpfung«, sagt Paulus. Am Haupt hängt der ganze Schöpfungsleib. »Er ist der Erstgeborene«, wir sind seine Brüder und Schwestern.

Es existiert nichts, was nicht gottesförmig ist.

Es gibt nichts, was nicht SEINE Epiphanie ist.

Es dauert lange, bis wir das erkennen. Aber wenn wir es erkennen, ändert es unsere Weltanschauung im wahrsten Sinne des Wortes. Und darum ist es wert, dass wir alles auf eine Karte setzen, um Seine Epiphanie in allem zu erkennen.

Damals lebte auch eine Prophetin namens Hanna, eine Tochter Penuëls, aus dem Stamm Ascher. Sie war schon hochbetagt. Als junges Mädchen hatte sie geheiratet und sieben Jahre mit ihrem Mann gelebt; nun war sie eine Witwe von vierundachtzig Jahren. Sie hielt sich ständig im Tempel auf und diente Gott Tag und Nacht mit Fasten und Beten. In diesem Augenblick nun trat sie hinzu, pries Gott und sprach über das Kind zu allen, die auf die Erlösung Jerusalems warteten.

Lukas 2,36–38

Hier begegnet uns eine Prophetin, Hanna. Sie war verheiratet und ist sehr jung Witwe geworden. Das hat sie offensichtlich auf den Weg nach innen gebracht. Sie verließ den Tempel nicht mehr, heißt es. Es ist immer die Not, die uns Menschen auf den Weg nach innen bringt. Und wenn diese Not ihre größte Bedrängnis erreicht hat, kommt oft eine tiefe Erfahrung, eine Erfahrung, die für unser Leben und vielleicht auch für das Leben anderer bedeutsam sein kann. Wir erkennen plötzlich unser eigenes Wesen. Wir erkennen unsere wahre Gestalt. Eine Vision, wie sie Hanna hatte, ist eine Erkenntnis, die in der Überzeugung gipfelt: das Leben macht trotz allem einen tiefen Sinn.

Nachdem man Johannes ins Gefängnis geworfen hatte, ging Jesus wieder nach Galiläa;
er verkündete das Evangelium Gottes und sprach:
Die Zeit ist erfüllt, das Reich Gottes ist nahe.
Kehrt um und glaubt an das Evangelium!

Markus 1,14–15

Kehrt um und glaubt an die Frohe Botschaft, dass es noch eine andere Weltsicht und Welterfahrung gibt, dass ihr ewiges Leben in euch tragt, dass ihr Kinder des ewigen Vaters seid, und wie diese Bilder der Schrift alle heißen. Die Metanoia (Umkehr) ist der Beginn des Heilsweges, des Weges der Überwindung der Einseitigkeit, der dualistischen Polarität. Früher wurden wir Menschen durch Leid zu einer solchen Einsicht getrieben. Heute treibt uns das Leid mehr in den Wahn, wir könnten es schaffen, doch noch die Lebenspille oder den Jungbrunnen zu finden, die Gene zu manipulieren, die uns Unsterblichkeit garantieren.

Wer sich auf einen spirituellen Weg macht, sagt Ja zur Umkehr. Er ändert die Richtung. Er bekennt damit, dass es eine Wirklichkeit gibt, die umfassender ist als diese rational und sinnenhaft begriffene Welt. Er glaubt an die Frohbotschaft vom Reich Gottes, und das ist nichts anderes als die ganze Wirklichkeit, das volle Leben und die Ausschöpfung aller Potenzen unseres Menschseins.

Die Kontaktstelle zu Gott ist hier und jetzt. Hier und jetzt! Himmel und Hölle sind nur getrennt durch unser Ich. Wer es lassen kann, geht ein ins Reich Gottes. Es gibt keine magischen Rituale, die uns dorthin führen, sondern nur das Sterben unseres vordergründigen Ich. Die Kraft dazu gibt uns einzig die Liebe. Sie allein gibt uns Gewissheit und hilft uns, alles zu lassen, um in diese neue Seinsordnung einzutreten, in die Seinsordnung Gottes.

»Kehrt um, schaut nach innen«, sagt Jesus. Er möchte das Innerste des Menschen erreichen, weil dort der Mensch wirklich lebt. Er sagt uns: Ihr müsst wiedergeboren werden und euer wirkliches Leben erfahren. Ihr seid viel mehr, als ihr meint zu sein. Kehrt um, schaut nach innen, da liegt noch eine Terra incognita, ein »unbekanntes Land«, das euer wirkliches Leben ist. »Das Volk, das im Dunkeln lebt, sieht ein helles Licht«, heißt es in der Bibel. Wir leben in diesem Licht und erkennen es nicht. Wir erfahren uns im Dunkeln und wissen nicht, wer wir wirklich sind. Langsam nur begreifen wir, dass wir erst auf dem Weg zu unserem wahren Menschsein sind.

Jesus hat den Menschen weniger gesagt, was sie tun sollen, er hat ihnen gesagt, wer sie sind: Das Reich Gottes ist in euch, ihr seid Kinder Gottes! Mensch, werde wesentlich, sagte er uns damit. Eigentlich müssen wir es gar nicht werden. Wir müssen unser wahres Wesen nur erfahren, das meist zugedeckt ist durch die Dominanz unseres Ichs.

Als Jesus am See von Galiläa entlangging, sah er Simon und Andreas, den Bruder des Simon, die auf dem See ihr Netz auswarfen; sie waren nämlich Fischer. Da sagte er zu ihnen: Kommt her, folgt mir nach! Ich werde euch zu Menschenfischern machen. Sogleich ließen sie ihre Netze liegen und folgten ihm.

Markus 1,16–18

Von diesem Jeshua muss eine unglaubliche Faszination ausgegangen sein. Sie hätte aber nicht gewirkt, wenn in den Jüngern nicht auch eine starke Resonanz da gewesen wäre, eine Resonanz, die leider in vielen Menschen heute verschüttet ist. Denn wer wirklich ruft, ist nicht Jesus, wer wirklich ruft, das ist das, was du zutiefst selbst bist, dein göttliches Wesen. Nicht wir sind auf der Suche nach Gott, Gott ist auf der Suche nach uns. Er möchte sich in uns offenbaren.

Es geht um ein »Aussteigen«, Berufung hat oft mit Aussteigen zu tun. Berufung kann zum Beispiel den Auszug aus der Familie bedeuten. »Sie verließen ihren Vater Zebedäus mit all seinen Tagelöhnern«, heißt es. Viele junge Leute bleiben heute zu lange in der Familie. Und umgekehrt, wenn das heute ein junger Mensch tut, wenn er wirklich aus dem »Nest« geht und ganz anders denkt und handelt, dann kann er zu hören bekommen, dass so etwas verantwortungslos sei.

Viel wichtiger aber scheint mir der Auszug aus Kindheitsmustern, gesellschaftlichen Vorurteilen und ihren Verhaftungen. Man erinnert uns dann an Traditionen, an Regeln und Normen, die zu überschreiten nicht nur gefährlich, sondern auch unverantwortlich wäre. Wer aber am Reiche Gottes teilhaben will, sagt Jesus, muss diese Normen, muss Vater und Mutter verlassen. Als Christen hätten wir in diesem Punkt viel zu lernen, denn immer wieder werden uns Schuldgefühle gemacht, wenn wir nicht mehr tragbare Normen ablegen wollen, mögen sie noch so lebensfeindlich geworden sein.

Es gibt menschliche Ziele und Inhalte, für die es sich lohnt, alles stehen und liegen zu lassen. Unser Leben als Beruf und Stellung in der Gesellschaft ist die eine Seite, zu finden, wovon man wirklich leben kann, die andere. Wie finde ich Sinn in meinem Leben? Wie finde ich meine eigentliche Bestimmung?

Normalerweise ist der Mensch zu feige, seiner inneren Berufung zu folgen. Er findet immer wieder Ausreden. Und andere bestärken uns darin, dass es besser ist, zu bleiben, wo man ist. Es gibt viel weniger unabhängige Menschen, als wir meinen. In der Herde lebt es sich viel bequemer.

Wir können uns diese Berufungssituation der Jünger nicht drastisch genug vorstellen. Sie geschah in einer Gesellschaft, die noch nicht die Möglichkeit kannte, anonym in der Großstadt unterzutauchen, wenn man neu anfangen wollte.

Da sagte Johannes zu ihm: Meister, wir haben gesehen, wie jemand in deinem Namen Dämonen austrieb; und wir versuchten, ihn daran zu hindern, weil er uns nicht nachfolgt. Jesus erwiderte: Hindert ihn nicht! Keiner, der in meinem Namen Wunder tut, kann so leicht schlecht von mir reden. Denn wer nicht gegen uns ist, der ist für uns. Wer euch auch nur einen Becher Wasser zu trinken gibt, weil ihr zu Christus gehört – amen, ich sage euch: er wird nicht um seinen Lohn kommen.

Markus 9,38–41

Das aber macht uns Menschen äußerst mittelmäßig. Begabungen dürfen sich nicht entfalten, und so manches wird eben nicht getan. Und die Begründung dabei ist: »Wenn ich das tue, habe ich die anderen gegen mich.« Dabei bräuchten wir nur zu sein, da zu sein und uns in einer Gruppe wohl zu fühlen. Aber das Ich hat Machtansprüche. Es möchte glänzen, etwas zu sagen haben. Es verteidigt Besitz und Position, um des Besitzes und der Position willen, nicht um der Sache willen. Das gemeinsame Ziel wird zweitrangig. »Er folgt uns nicht nach«, sagen die Jünger. Er gehört nicht zu unserer Gruppe. Er darf das nicht tun. Das ist unser Revier.

Was lässt sich da tun? Einmal, sich immer wieder bewusst zu machen, dass solche Gefühle der Eifersucht und des Neides normal sind. Sie sind Grundtendenzen unseres Ich. Das Ich muss sich erhalten. Aber man muss solchen Tendenzen nicht nachgeben. Man sollte eigentlich erkennen, dass sie der Gemeinschaft und dem Einzelnen eine Menge Energie entziehen und zermürbend und lähmend wirken.

Jesus sagt die wunderbaren Worte: »Hindert ihn nicht! Keiner, der in meinem Namen Wunder tut, kann so leicht schlecht von mir reden. Denn wer nicht gegen uns ist, der ist für uns!« Es geht nicht darum, dass ich das tue und jenes bin. Es geht darum, dass den Menschen geholfen wird.

Da kamen seine Mutter und seine Brüder;
sie blieben vor dem Haus stehen und ließen ihn herausrufen. Es saßen viele Leute um ihn herum, und man sagte zu ihm: Deine Mutter und deine Brüder stehen draußen und fragen nach dir.
Er erwiderte: Wer ist meine Mutter, und wer sind meine Brüder?

Markus 3,31–33

Einmal müssen wir ungeschützt und auf eigenen Füßen unser Heil wirken und dieser inneren Stimme folgen. Wie sich der Mensch von der einschnürenden Loyalität zur Mutter zu befreien hat, hat er sich auch von jeder Verfilzung in eine Gruppe zu befreien. Bevor Individualität wachsen kann, muss die Loslösung kommen. Die unbewusste Bindung muss zerbrochen werden, damit die gottgewollte Einmaligkeit des Individuums zutage treten kann.

Das gilt von jeder Bindung, die ihre Wurzeln tief im Unbewussten hat, auch von unserer Bindung an religiöse Institutionen, theologische Systeme und so weiter. Ich darf noch einmal betonen, dass eine solche Lösung nichts mit Kirchenaustritt zu tun haben muss. Sie soll uns vielmehr zur Freiheit der Jüngerschaft mit Christus in der Kirche führen. Jünger Christi zu sein heißt, alle anderen Loyalitäten zugunsten der Loyalität zu Christus beziehungsweise zu Gott zu brechen.

Jünger Gottes zu werden gleicht einem Balanceakt. Es geht um die Balance zwischen Individuum und Gemeinschaft. Diese Balance zu finden ist nicht leicht. Wachsen soll dabei vor allem jene innere Freiheit, die uns zur vollen menschlichen Reife führt. Begleitet wird dieser Befreiungsakt von der Liebe. Sie ist das einzige ethische Moment, das dabei eine Rolle spielt. Aber es ist eine Liebe, die bereit ist, Vater und Mutter und Bruder und Schwester zu »hassen«, das heißt, sich von allen Bindungen durch unbewusste Konditionierung zu trennen.

Wir Menschen sind von Haus aus Herdentiere. Über Tausende von Jahren haben wir in der Gruppe, im Clan, in der Partei, im Verein, im Vaterland, in der Nation, in einer Kaste gelebt. Es gibt gar nicht so viele Individualisten unter uns, wie wir meinen. Selbst die sogenannten »drop outs« sind noch sehr stark in die Gesellschaft integriert.

Wer einen esoterischen Weg geht, tritt ein in eine Jüngerschaft. Jünger Jesu (oder Jünger Gottes, was das Gleiche ist) zu sein aber heißt, Abschied zu nehmen vom Kollektiv, von jedweder Gruppenidentifikation, unter Umständen auch von einer organisierten Religion.

Es geht um etwas ganz anderes. Es geht um die Befreiung von einer Bindung, die tief in unserem Unbewussten sitzt und uns hindert, Individuen zu sein und unser Christentum kompromisslos zu leben. Jünger Christi (Jünger Gottes) wird man nur als Individuum.

Die einzige Möglichkeit, sich von der Gruppenloyalität zu befreien, die zu den strengsten irdischen Bindungen gehört, ist der Wille, sich in die höhere Loyalität der Jüngerschaft Gottes zu begeben.

Als Jesus noch mit den Leuten redete, standen seine Mutter und seine Brüder vor dem Haus und wollten mit ihm sprechen. Das sagte jemand zu ihm: Deine Mutter und deine Brüder stehen draußen und wollen mit dir sprechen.
Dem, der ihm das gesagt hatte, erwiderte er: ›Wer ist meine Mutter, und wer sind meine Brüder?‹ Und er streckte seine Hand über seine Jünger aus und sagte: ›Das hier sind meine Mutter und meine Brüder.‹«

Matthäus 12,46

Stellt euch einmal vor, wir würden dieses Wort »Kinder Gottes« ernst nehmen! Wir sind doch die Brüder und Schwestern dieses Sohnes Gottes, der Jesus genannt wird.

Wir sind Jesu Brüder und Schwestern. Wenn er »Sohn Gottes« ist, sind auch wir »Söhne und Töchter Gottes«, und wie Jesus und Maria sind wir alle aus Gott geboren. Wie könnte aus Gott etwas anderes geboren werden?

*Da sagte er zu ihnen: Euch ist das Geheimnis des Reiches Gottes anvertraut; denen aber, die draußen sind, wird alles in Gleichnissen gesagt.*

Markus 4,11

Wenn man so einen Satz hört, klingt das nach einer willkürlichen Bevorzugung einiger Freunde. Aber manche Wahrheiten können nur denen mitgeteilt werden, die sie fassen können. Die große Gefahr allerdings ist, dass dann in einer Gruppe ein elitäres Gefühl entsteht: Wir sind die Besseren, die Bevorzugten. So eine Haltung würde aber bedeuten, dass die Wahrheit dieses Wortes nicht verstanden wurde.

Alle großen Religionen haben eine äußere und eine innere Geschichte. Die äußere Geschichte zeigt sich in Tempeln, Schulen, Dogmen, Moral, Kult und Volksglauben. Die innere Geschichte leuchtet in den großen Mystikern der Menschheitsgeschichte auf. Sie zeigen uns, wenn wir hinzuhören verstehen, die Lichtseite, das Wesen der menschlichen Existenz. Die sogenannte Wissenschaft, die uns alle ihre Errungenschaften vor die Füße legt und weitere vor die Füße legen wird, befasst sich mit einer ganz äußerlichen Schicht unserer Spezies. Hier aber geht es um Weisheit statt um Wissenschaft.

Mystik wurzelt im Urgrund. Glaubenssysteme gleichen Eisbergen. Das Wichtigste liegt unter dem Wasser. Glaubenssysteme sind nur die Spitze. Die Spitze kann uns den Weg in die Tiefe weisen. Die Sprache der Mystik ist die der Umgangssprache. Aber sie bedient sich nur der Worte und Bilder der Umgangssprache, meint aber etwas ganz Neues. Für die Mystik sind Bilder und Worte nur Glasfenster, die etwas über das Licht dahinter aussagen wollen. Die mystische Sprache hat es mit der geistigen Ebene zu tun. Sie zu verstehen bedarf es tiefer Einsichten in die transpersonale Ebene des Bewusstseins. Es ist eine metaphysische Sprache. Sie überschreitet die Begriffsinhalte der gewöhnlichen Sprache.

Euch jedoch muss es um sein Reich gehen;
dann wird euch das andere dazugegeben.

Lukas 12,31

Solange wir nicht Gott haben, haben wir nicht, was wir eigentlich suchen. Es gibt nicht so etwas wie die Dinge und Gott, denn es gibt nur Gott in den Dingen. »Alle Dinge schmecken nach Gott«, sagt Meister Eckhart. Es gibt nicht einen schönen Urlaub und Gott, denn es gibt nur Gott als schönen Urlaub. Es gibt nicht Krankheit und Gott, sondern nur Gott als diese Krankheit. Wenn wir wirklich Gott finden, finden wir ihn in allem. Gott hat alle Formen, und wir können ihn in allem finden. Wer sich auf einen spirituellen Weg macht, sucht oft zuerst etwas für sich selber, wie zum Beispiel Gesundheit, Ausgeglichenheit, bessere Voraussetzungen für sein Studium, Fitness für den Beruf und so weiter. Wenn wir aber tiefer kommen und eine Grenzüberschreitung stattfindet, merken wir, dass eine umfassendere Erfahrung Gottes die anderen Dinge erst wirklich belebt.

So sollen wir Gott suchen ohne Grund, ihn suchen, ohne etwas finden zu wollen als den Grund von allem und als Grund unseres Seins. Wenn wir dort angekommen sind, machen alle Dinge Sinn. Auch die »unsinnigen«. – »Suchet zuerst das Reich Gottes ... Alles andere wird euch hinzugegeben.«

*In jener Zeit sprach Jesus: Ich preise dich, Vater, Herr des Himmels und der Erde, weil du all das den Weisen und Klugen verborgen, den Unmündigen aber offenbart hast.*

Matthäus 11,25

Es gehört offensichtlich eine gewisse Einfalt dazu. Einfalt, das Wort hat in unserer Sprache einen negativen Beigeschmack, meint hier aber sicherlich die schlichte Einfachheit und Sammlung des Geistes, die Fähigkeit, nicht zerfahren zu sein, beim Einen zu bleiben, ganz präsent zu sein im Hier und Jetzt. Das ist der Kern unserer Übung.

Sie führt zu dem, was die Mystik Weisheit nennt. Jesus versuchte, das in der Bergpredigt zusammenzufassen. Er verkündet keine Moral, kein Fasten, keine Kasteiung, keine öffentliche Buße, kein Strafgericht Gottes. Er sagt: »Selig, die da einfältig sind, denn ihnen gehört das Reich Gottes.« Selig, die da weinen, die hungern nach Wahrheit und Gerechtigkeit, nach Werten also, die jenseits des Materiellen in einer geistschauenden Erkenntnis zu finden sind. Das versuchen auch wir auf dem Weg der Kontemplation. Euch ist es gegeben, die Geheimnisse des Reiches Gottes zu finden. Es gilt nur loszulassen. Das Reich ist nicht in einem fernen Himmel. Es ist da, sagt Jesus im Thomasevangelium, aber ihr erkennt es nicht. Wer in die Ruhe dieses Reiches vordringt, erfährt Heilung. Die Ruhe ist es, die heilt, harmonisiert und ordnet. Nicht wir verändern uns. Wir werden verändert, wenn wir uns einlassen auf die Ruhe und das Innerste des Reiches Gottes.

*Er richtete seine Augen auf seine Jünger und sagte: Selig, ihr Armen, denn euch gehört das Reich Gottes. Selig, die ihr jetzt hungert, denn ihr werdet satt werden. Selig, die ihr jetzt weint, denn ihr werdet lachen. Selig seid ihr, wenn euch die Menschen hassen und aus ihrer Gemeinschaft ausschließen, wenn sie euch beschimpfen und euch in Verruf bringen um des Menschensohnes willen.*

Lukas 6,20–22

Die ersten vier Seligpreisungen sprechen von Zuständen, die wir Menschen als äußerst beklagenswert empfinden, von Armut, Trauer, Hunger und Wehrlosigkeit. Gepriesen werden die Sanftmütigen, die keine Gewalt anwenden. Alle diese Worte bezeichnen eine menschliche Erniedrigung. Sie weisen hin auf das, wovor wir uns fürchten, gegen das wir uns absichern. Gemeint ist alles, was wir zu vermeiden suchen. Wer diese beklagenswerten Zustände annehmen kann, wird seliggepriesen, ihm wird das Reich Gottes verheißen. Dies aber ist ein totaler Umsturz unserer Weltsicht. Wir wollen reich sein, denn nur dann sind wir abgesichert. Wir wollen froh und glücklich sein und nicht trauern müssen. Wir wollen mächtig sein, denn nur dann kann uns einer nichts wegnehmen.

Die Bergpredigt kann nicht als Gebot verstanden werden. Der Grund von allem ist die Erfahrung der Einheit mit allem Seienden. Es ist die Rede eines Erleuchteten. Er sieht die Welt nicht mehr begrenzt auf ihre Endlichkeit und Erbärmlichkeit, sondern als Offenbarung des Göttlichen. Solange wir als Menschen die Not unserer Mitmenschen nicht wie am eigenen Leib spüren, wird sich in dieser Welt nichts ändern. Aber um so weit zu kommen, muss der Mensch erfahren, dass es Ich und Du im Grunde nicht gibt.

Wer sein Leben zu bewahren sucht,
wird es verlieren; wer es dagegen verliert,
wird es gewinnen.

Lukas 17,33

Verlieren, um zu gewinnen – solch eine Aussage widerspricht der Steigerungslogik, der sich unsere Gesellschaft verschrieben hat: immer mehr, immer schneller, immer reicher, immer größer.

Die oben zitierte Stelle des Lukasevangeliums wird oft moralisch ausgelegt. So als ob wir auf vieles verzichten müssten, um gerettet zu werden. Für mich hat sie jedoch einen viel tieferen Sinn. Es geht um ein »Mehr an Leben«. Es geht nicht um Verzicht, es geht darum, loszulassen, um mehr zu sein. Es geht um einen neuen Reichtum. Aber dieser Reichtum liegt auf einer anderen Ebene ...

Es geht um ein Mehr an Leben, nicht um weniger. Wir müssen das loslassen, was uns die Sicht versperrt. Es ist diese Ebene des Reiches Gottes in uns, die keinen Tod kennt, die hier und jetzt gelebt werden möchte ...

Wir versuchen auf unserem spirituellen Weg, Räume in uns zu erschließen, die von unserem Ich abgetrennt erscheinen, die aber unser eigentliches Leben bedeuten. Räume, die auch noch Antwort geben, wenn ich arbeitslos oder alt werde, wenn der Arzt mir eine unheilbare Krankheit diagnostiziert, wenn ich Insolvenz für meine Firma anmelden muss, wenn ich als junger Mensch nach meiner Ausbildung keinen Arbeitsplatz finde ... Gilt dann auch noch: Verlieren, um zu gewinnen?

Ich habe keine andere Lösung als ein Ja. – Natürlich werden wir alles tun, um die Situation zu ändern. Aber es gibt Grenzerfahrungen, bei denen wir beim besten Willen nichts mehr machen können. Dann, gerade auch dann gilt das Wort: »Verlieren, um zu gewinnen.« ...

Oft ist es ein totaler Zusammenbruch, der uns die Sicht zum Wesentlichen öffnet. Manchmal ist es der drohende Tod selbst, der uns das Tor zu unserer wahren Seinsebene öffnet.

Diese Aussagen fallen mir nicht leicht. Ich habe Angst, sie werden nicht verstanden. »Verlieren, um zu gewinnen.« Werden wir arbeitslos, dann ist es Gott, der in dieser menschlichen Struktur arbeitslos wird. Müssen wir Insolvenz anmelden, dann ist es Gott, der sein Geschäft in uns aufgeben muss. Er erfährt in mir vom Arzt die Diagnose: »Unheilbar krank.« Gerade in solchen schwierigen Situationen sage ich mir: »Gott möchte in mir zu dieser Zeit, an diesem Ort, in dieser meiner aussichtslosen Lage über diese Erde gehen.« Aber es ist nicht ein Gott in mir, es ist Gott, der als diese meine menschliche Form lebt.

Gott ist das, was sich vollzieht. Er vollzieht sich auch als unser Sterben. Aber es gibt keinen Tod. Wie könnte das Leben Gottes, das wir sind, sterben? Verlieren, um zu gewinnen. Das ist auch unser Trost im Sterben. Dieses Leben zu verlieren, um etwas viel Größeres zu gewinnen. Unsere Ratio mag sich dagegen sträuben. – Ich kenne keine andere Lösung. Wer sein Leben gewinnen will, wird es verlieren. Wer es als dieses göttliche Leben verliert, kann nur gewinnen.

*Deswegen sage ich euch: Sorgt euch nicht um euer Leben und darum, dass ihr etwas zu essen habt, noch um euren Leib und darum, dass ihr etwas anzuziehen habt. Ist nicht das Leben wichtiger als die Nahrung und der Leib wichtiger als die Kleidung?*

Matthäus 6,25

In diesem Text geht es um etwas sehr Entscheidendes. Wir suchen uns abzusichern für den Fall des Todes. Wir versuchen, uns einen Platz im Himmel zu sichern, wie das in der traditionellen Religion heißt. Das aber geht nicht mit Geld. Vielleicht glaubte das manch einer im Mittelalter, als Ablässe verkauft wurden. So rückständig sind wir heute nicht mehr. Heute heißt das Stichwort »Wiedergeburt«. Wie verschaffe ich mir eine günstige Wiedergeburt? Umgekehrt gefragt: »Was habe ich angestellt, dass es mir in diesem Leben so schlecht geht, dass mein Nachbar eine solche Pechsträhne erwischt hat oder dass dieses Kind als Krüppel geboren wurde?«

Dagegen sagt der Text: »Sorgt euch nicht um den morgigen Tag.« Gott verlangt von uns nichts anderes, als dass wir ganz Mensch sind. Wenn wir in jedem Leben nur aufpassen, dass wir im nächsten besser dastehen, versäumen wir das wirkliche Leben, das immer im Hier und Jetzt liegt und nicht in der eventuellen nächsten Existenz. Wiedergeboren wird immer nur dieses göttliche Urprinzip, ganz gleich, in welcher Gestalt es herauskommt. Unsere Aufgabe ist in jeder möglichen Existenz die gleiche – zu erfahren, dass dieses Urprinzip Gott sich genau in dieser Form offenbaren will. Wir haben nur herauszufinden, wer wir wirklich sind. Unser wahres Wesen wird uns heute als »Reich Gottes« beschrieben. Reich Gottes aber ist nur ein anderes Wort für göttliches Leben. Und dieses Leben ist nicht in uns wie in einem Gefäß, es ist auch das Gefäß. Gott offenbart sich in der Blume als Blume, im Baum als Baum, im Menschen als Mensch und in mir als genau dieser Mensch.

Aber in jenen Tagen, nach der großen Not,
wird sich die Sonne verfinstern, und der Mond
wird nicht mehr scheinen.

Markus 13,24

Diese Miniwelt muss untergehen, damit die Welt Gottes aufgehen kann. Diese falschen Sterne, an die wir uns klammern, von denen wir die Erfüllung unseres Lebens erwarten, müssen vom Himmel fallen. Diese falsche Sonne unseres kleinen Ich muss sich verdunkeln. Wir gehen durch persönliche Ängste und Nöte und durch gesellschaftliche und politische Umwälzungen, vielleicht auch durch Revolutionen.

Der Menschensohn wird mit Macht und Herrlichkeit kommen. Darunter verstehe ich nicht die Rückkehr eines historischen Jesus, sondern das Erscheinen des wahren Menschen in uns, das Aufbrechen des Göttlichen in uns, das wir in der christlichen Sprache Kindschaft Gottes nennen.

Der neue Himmel und die neue Erde sind nicht Plätze irgendwo im Weltenraum, sie sind hier und jetzt, gleich hinter den Glasscheiben des Aquariums, in dem wir sitzen. Eines Tages werden wir merken, dass diese Glasscheiben nie existierten.

Diese Generation wird nicht vergehen, bis das alles eintrifft. Das hat nichts mit Zeit zu tun. Es kann jeden Augenblick passieren. Die Wiederkunft Christi ist eine zeitlose Erscheinung. Der

Menschensohn, der neue Mensch, der göttliche Mensch ist in uns. Wir können ihn nur noch nicht erkennen.

# DIE BEGEGNUNG

Und Jesus fragte ihn: Was soll ich dir tun? Der Blinde antwortete: Rabbuni, ich möchte wieder sehen können. Da sagte Jesus zu ihm: Geh! Dein Glaube hat dir geholfen. Im gleichen Augenblick konnte er wieder sehen, und er folgte Jesus auf seinem Weg.

Markus 10,51–52

So sind wir wie der blinde Bartimäus zu Bettlern geworden. Besser gesagt, wir halten uns für Bettler, obwohl wir reich sind wie ein König. Aber wir kommen an unseren Reichtum nicht heran. Er liegt zwar unter unseren Füßen, doch sehen können wir ihn nicht. Wir sind blind. Wir sind uns viel zu wenig bewusst, wie stark wir eingegrenzt, abgeschnitten, vereinsamt sind durch die Eingrenzung unserer Ichstruktur. Wir sind vollkommen eingenommen von unserem Tages-Bewusstsein, von unserem personalen Ich, das von den Fähigkeiten der Psyche, des Verstandes und des Gedächtnisses konstituiert wird. Diese Eingrenzung macht uns auf der einen Seite zu Menschen, auf der anderen Seite macht sie uns aber auch blind gegen die anderen und gegen unser wahres Wesen. Der Mensch aber ist viel mehr. Dieses Mehr wollte Jesus die Menschen lehren. Das war sein Anliegen.

Dieses Mehr ist aber nicht etwas, was außerhalb von uns zu erreichen wäre. Es ist unsere Mitte, unser Grund. Wir haben dahinein einzubrechen, wo wir sind. Es ist dieser Augenblick, in dem es offenbar wird. Es kostet keine Anstrengung. Es kostet nur das Loslassen aller Anstrengung.

Als Jesus von dem Berg herabstieg, folgten ihm viele Menschen. Da kam ein Aussätziger, fiel vor ihm nieder und sagte: Herr, wenn du willst, kannst du machen, dass ich rein werde.
Jesus streckte die Hand aus, berührte ihn und sagte: Ich will es, werde rein! Im gleichen Augenblick wurde der Aussätzige rein.

Matthäus 8,1–3

Da ist einer aussätzig, das heißt, er ist ausgestoßen, allein, gebrandmarkt. Das ist kein Leben. Leben beginnt durch Beziehung, Zuwendung und nicht zuletzt durch Berührung. Jesus stieg vom Berg herab. Berg ist das Symbol für die Einheit mit Gott, der Berg Tabor zum Beispiel, auf dem Jesus seine Einheitserfahrung mit Gott hatte. Zen kennt den Berg Myo, den Berg der Erleuchtung. Da oben darf man aber nicht sitzen bleiben. Jesus stieg vom Berg Tabor herab und erzählte seinen Jüngern vom Leiden, das ihm bevorstand.

Jesus steigt in diesem Evangelium vom Berg herab und berührt und heilt den Aussätzigen. Der mystische Weg endet im Alltag. Der Mönch der in der Zen-Erzählung auf dem Berg Myo, dem Berg der Erleuchtung also, sitzen bleiben will, wird vom Meister geschlagen. Auf den Berg der Erleuchtung steigt man, um wieder hinunterzusteigen zu den Menschen. Und dort sollen wir ihnen Nähe vermitteln, nicht zuletzt die Nähe und Geborgenheit, die von Gott kommt, die im transpersonalen Erlebnis als universale Liebe spürbar wird. Jesus stieg hinab und berührte den Aussätzigen. Er hatte keine Angst vor Ansteckung.

Haben wir den Mut, uns auf andere in unserem Umkreis einzulassen? Können wir Nähe ertragen? Der andere, das andere sind doch auch die Manifestationen der Wirklichkeit, die wir »Gott« nennen. Der Typ, mit dem wir gerade zu tun haben, mag unsympathisch sein auf der vordergründigen Ebene, aber zutiefst ist er eine Offenbarung Gottes. Wenn Menschen in eine tiefe Erfahrung durchbrechen, dann höre ich sehr oft die Aussage: »Ich könnte alle umarmen.« Und manche fügen hinzu: »Sogar diesen oder jenen Typ, der mir so unsympathisch ist.« Da geht dem Menschen auf, dass wirkliche Liebe mit Sympathie und Antipathie nichts zu tun hat. Es ist die Liebe der Sonne, die nicht sagt: »Den mag ich, dem scheine ich; den mag ich nicht, dem scheine ich nicht.«

Jesus streckte seine Hand aus und berührte den Aussätzigen. Im gleichen Augenblick wurde dieser geheilt. Ein Ausgestoßener, der bis dahin allein war und gebrandmarkt. Leben beginnt durch Beziehung, Zuwendung und Berührung. Der mystische Weg führt in den Alltag, und er führt zum Mitmenschen. Wer die Erfahrung der göttlichen Liebe gemacht hat, teilt diese mit seinen Mitmenschen und vermittelt ihnen die Nähe und Geborgenheit, die er selbst erfahren hat.

Solange wir in der Illusion eines getrennten Ich verbleiben, treten wir in Gegensatz zum Leben. Leben heißt, in Beziehung zu stehen, einander zu berühren. Den Mut zu haben, einander zu berühren. Niemand kann ausgeschlossen sein. Alles ist das, was uns eint – die Liebe.

Er zog in ganz Galiläa umher, lehrte in den Synagogen, verkündete das Evangelium vom Reich und heilte im Volk alle Krankheiten und Leiden. Und sein Ruf verbreitete sich in ganz Syrien. Man brachte Kranke mit den verschiedensten Gebrechen und Leiden zu ihm, Besessene, Mondsüchtige und Gelähmte, und er heilte sie alle.

Matthäus 4,23–24

Solche Texte wollen nicht wörtlich genommen werden. Es sind Worte des Heils. Sie wollen uns sagen, dass auch wir heilen und heil werden, wenn wir an diese unsere göttliche Mitte angeschlossen sind. Wir können den Anschluss an unser heilendes und heilig machendes Innere finden. Das kontemplative Gebet ist nichts anderes als der Versuch, uns unserem göttlichen Inneren zu öffnen. Denn die Quelle des Heils ist in uns.

Dieser heile und heilige Raum existiert jenseits unseres Alltagsbewusstseins. Heilung geschieht, wenn wir dessen Grenzen verlassen können, um uns diesem Raum zu öffnen. Der transpersonale Bewusstseinsraum birgt Kräfte der Stille, der Liebe und des Einsseins. Es geht darum, unser ganzes Leben in Einklang mit dieser hintergründigen Wirklichkeit zu bringen. Heilung bedeutet, sich für diese unsere göttliche Mitte zu öffnen. Es gibt kein größeres Heilmittel als unser tiefstes Wesen. Wir brauchen diese Mitte nicht zu suchen, wir müssen nur die verdeckenden Schichten ablösen, um dieser heilenden Kraft teilhaftig zu werden. Hierfür muss der Pilger Mensch sein alles beherrschendes Ich zurücknehmen. Erst die Überschreitung der Ich-Grenzen führt den Menschen in den Bereich, in dem Heilung geschehen kann. Heilung geschieht, wir machen sie nicht, sie geschieht, wenn wir uns für unser wahres Wesen öffnen. Im kontemplativen Gebet öffnen wir uns für diese Kraft.

Als Jesus das hörte, sagte er: Eines fehlt dir noch: Verkauf alles, was du hast, verteil das Geld an die Armen, und du wirst einen bleibenden Schatz im Himmel haben; dann komm und folge mir nach! Der Mann aber wurde sehr traurig, als er das hörte; denn er war überaus reich.

Lukas 18,22–23

Wir stehen vor einer zerrissenen Welt. Millionen Menschen verhungern, Millionen werden in Kriegen und Revolutionen geschunden und umgebracht. Wir haben uns zu einer entsetzlichen Spezies entwickelt. Der Hass dominiert. Da kommt nun einer und sagt: »Verkaufe alles, was du hast, und du findest das Leben!« Das ist ein totaler Umsturz unserer Weltsicht. – Man muss dieses Reich Gottes erst einmal geschmeckt haben, um das zu begreifen und so manches von dem, was wir für so wichtig halten, als Ballast zu erkennen, um es dann hinter sich zu lassen. Verkaufe alles! Das ist kein moralischer Appell. Es geht um eine Einladung zur Besteigung eines Berges. Alles, was man nicht wirklich braucht, wird zum Hindernis und soll zurückbleiben.

Es gehört zur natürlichen Tendenz des Menschen, reich zu sein. Wir wollen reich sein, denn nur dann fühlen wir uns abgesichert. Wir wollen mächtig sein, denn nur dann kann uns keiner etwas wegnehmen. Realpolitik lässt sich nicht aus einer schwächlichen Position heraus machen. Wer die Macht hat, hat das Sagen. So ist es in der Welt. Aber so ist es nicht im Reich Gottes.

Amen, das sage ich euch: Wenn ihr nicht umkehrt und wie die Kinder werdet, könnt ihr nicht in das Himmelreich kommen. Wer so klein sein kann wie dieses Kind, der ist im Himmelreich der Größte.

Matthäus 18,3–4

Die christliche Religion sollte uns in die Urerfahrung Jesu führen. Das wäre ihre vornehmste Aufgabe. Wie Jesus sollen wir uns erfahren als Kinder im Schoß einer Mutter oder an der Hand eines Vaters. Das ist die einzige Zuwendung, die letztlich befriedigt. Jede andere Zuwendung ist nur eine kleine Hilfe auf unserem Weg. Letztlich können wir Geborgenheit nur in der Tiefe unseres göttlichen Seins finden. Das hat Jesus gemeint, als er sagte, wir sollen werden wie die Kinder. Unser ganzes Bemühen sollte auf die Urerfahrung Jesu gerichtet sein: »Gott ist in euch. Ihr seid angenommen als die Töchter und Söhne eines liebenden Vaters. Sucht zuerst dieses Reich Gottes, das in euch ist, und alles andere wird euch hinzugegeben!« Das war die Urerfahrung aller Weisen dieser Erde. Menschen in diese Erfahrung zu führen, sollte das erste Anliegen einer Religion sein. Alles Weitere, auch der soziale Auftrag, ist eine Konsequenz daraus.

Da nahm Maria ein Pfund echtes, kostbares Nardenöl, salbte Jesus die Füße und trocknete sie mit ihrem Haar. Das Haus wurde vom Duft des Öls erfüllt. Doch einer von seinen Jüngern, Judas Iskariot, der ihn später verriet, sagte: Warum hat man dieses Öl nicht für dreihundert Denare verkauft und den Erlös den Armen gegeben?

Johannes 12,3–5

Judas hat kalkuliert. Und im Großen und Ganzen wäre das doch auch vernünftig gewesen. Maria jedoch folgte einfach ihrer Traurigkeit.

Offensichtlich ahnt sie, was in den nächsten Tagen geschehen wird. Jesus kann seinem Geschick nicht mehr entrinnen, er wird sterben. Sie kalkuliert nicht. Sie folgt einfach ihrer Liebe, und darin liegt die Schönheit dieser Szene. Diese absichtslose Handlung will nichts verkünden oder beweisen oder gar ändern, sie hat keine moralische Konsequenz und ist kein sozialer Appell. Sie hat sich selbst zum Thema, denn sie ist eine Geste der Liebe und der Trauer, die vor den kalkulierenden Augen des Judas und der Jünger nicht bestehen kann ...

Wer einmal im Kölner Dom in der Marienkapelle war und all die goldenen und diamantenen Halsketten gesehen hat, die der Madonna umgehängt wurden, der ahnt etwas vom Mitgerissenwerden durch diese Lebensströme. Man könnte das alles verkaufen und den Armen geben! Dadurch jedoch, so glaube ich, würden wir sehr viel ärmer werden, wenn niemand mehr in seiner Liebe zu Gott verschwenderisch sein könnte. Um wirklich leben zu können, muss man seine Sehnsucht und seine Liebe, seine Not und seine Erbärmlichkeit ausdrücken dürfen, wie Maria das getan hat.

*Als er ihnen die Füße gewaschen, sein Gewand wieder angelegt und Platz genommen hatte, sagte er zu ihnen: Begreift ihr, was ich an euch getan habe? Ihr sagt zu mir Meister und Herr, und ihr nennt mich mit Recht so; denn ich bin es. Wenn nun ich, der Herr und Meister, euch die Füße gewaschen habe, dann müsst auch ihr einander die Füße waschen. Ich habe euch ein Beispiel gegeben, damit auch ihr so handelt, wie ich an euch gehandelt habe. Amen, amen, ich sage euch: Der Sklave ist nicht größer als sein Herr, und der Abgesandte ist nicht größer als der, der ihn gesandt hat. Selig seid ihr, wenn ihr das wisst und danach handelt.*

Johannes 13,12–17

Wenn wir von Jesus nicht mehr wüssten als das, was wir soeben über ihn in der Erzählung von der Fußwaschung gehört haben, wüssten wir, dass er ein außergewöhnlicher Mensch war.

Liebe macht Menschen aus uns. Wir sind für das verantwortlich, was wir ausstrahlen. Es geht immer etwas von uns aus: Wohlwollen, Abneigung, Hass, Mitleid. Liebe beginnt nicht beim

Wort und bei der Umarmung, sie beginnt in unseren Gedanken und Gefühlen. Das gilt auch von den Gedanken, die wir von uns selber haben. Selbstzerstörerische Gedanken schaden uns.

Liebe ist das Weltbaugesetz. Wer nicht lieben kann, kann sich nicht öffnen, er kann nicht in Austausch mit anderen treten. Er kann dann auch nicht wachsen ...

Liebe ist die Voraussetzung zum Wachsen und Reifen. Wer nicht in liebendem Austausch steht, kann sich nicht entwickeln. Wer liebt, empfängt. Liebe ist wie der Ruf in eine Echowand. Es schallt zurück, was man hineinruft.

Liebe heilt. Liebe hilft offensichtlich mehr als alle anderen Mittel. Liebe ist die beste Medizin, nicht nur im übertragenen Sinn. Krankheit ist oft nur ein Symptom für mangelnde Zuwendung. Krankheit versucht oft Zuwendung zu erzwingen.

Nicht gelebte Liebe macht krank. Liebe muss verbraucht werden. Sie staut sich an und wird am Ende Hass gegen sich selber ...

Nur die Liebe zählt. Was wir am Ende unseres Lebens in Händen haben, sind nicht unsere Leistungen und unsere Werke. Wir werden uns zuerst und vor allem der Frage stellen müssen, wie viel wir geliebt haben.

Da sagte er zu ihnen: Kommt mit an einen einsamen Ort, wo wir allein sind, und ruht ein wenig aus. Denn sie fanden nicht einmal Zeit zum Essen, so zahlreich waren die Leute, die kamen und gingen.

Markus 6,31

Es gibt ein falsches christliches Ideal, das die Psychologie Helfersyndrom nennt: »Sich bis zur eigenen Erschöpfung seinen Mitmenschen widmen.« Jesus hatte kein Helfersyndrom.

Dieser Text berichtet uns von den Jüngern, die vom Predigen zurückkehrten. Jesus treibt sie nicht von neuem hinaus, sondern sagt: »Kommt nur her an einen einsamen Ort und ruht euch ein wenig aus.« Jesus stand nicht unter dem Druck, alle Welt heilen und speisen zu müssen. Er fühlte sich nicht verpflichtet, alle Menschen dieser Welt zu bekehren. Er hat uns nicht aufgerufen, uns unruhig und rastlos für den Nächsten einzusetzen. Er hat nicht alle Kranken geheilt. Er hat nicht alle Leidenden getröstet.

Er hat uns gelehrt, uns auch Zeit zu nehmen, um allein zu sein. Zweimal verwendet Markus in diesem kurzen Abschnitt den Ausdruck »um allein zu sein«. Unser Leben in Partnerschaft und in Gemeinschaft wird nur fruchtbar, wenn es in ausgewogener Weise zwischen Abgrenzung und Verschmelzung, zwischen Ich und Du, zwischen Stille und Wort, zwischen Einkehr und Hinaustreten, zwischen Arbeit und Ruhe Gestalt annehmen kann.

Nur in der Stille wird uns auf die entscheidenden Fragen unseres Lebens Antwort gegeben. Wer bin ich wirklich? Wer ist es, der durch diese Augen schaut? Wer ist es, der durch diese Ohren hört?

Wir laufen Gefahr, von außen gelebt zu werden. Am Ende wissen wir nicht mehr, für was all unsere Sorge, unser Rennen und Schaffen gut sein soll. Nur in der Stille können wir in uns hineinhorchen. Es ist nichts wichtiger, als das Leben selber zu spüren, und das heißt letztlich, Gott zu spüren.

# DIE ERKENNTNIS

Habt ihr nicht das Schriftwort gelesen:
Der Stein, den die Bauleute verworfen haben,
er ist zum Eckstein geworden.

Markus 12,10

Die Tiefe der Religion spricht sich im Mythos, im Symbol und in der Parabel aus. Diese Bilder sind in ihrer Tiefe in dem verankert, was wir den Archetypus nennen. Stein, Fels ist ein mächtiger Archetypus. Er bedeutet Sicherheit gegen die Brandung des Lebens. Es gibt viele Stellen in der Bibel, die darauf verweisen. Ich möchte das Bild verinnerlichen. Stein ist Symbol für Christus, Symbol für das göttliche Wesen in jedem von uns, das göttliche Leben. Es ist der einzige Stein, auf den wir bauen können. Alles andere fließt.

Wenn wir dieses göttliche Leben nicht als unsere Mitte haben, behindern wir unseren Reifungsprozess als Menschen. Gott ist nicht einer, der straft. Wir sind es, die sich die Chance zum Bau unseres Menschenhauses vermasseln. Wer nicht auf diesen Eckstein »Göttliches Leben« baut, der baut auf Sand. Sein Lebensgrund wird nicht tragen. Gott tut ihm nichts, er straft ihn nicht. Der Mensch verpasst vielmehr etwas. Er einen schlechten Platz gewählt für sein Lebenshaus.

Ein anderer Teil des Saatguts schließlich fiel auf guten Boden und brachte Frucht; die Saat ging auf und wuchs empor und trug dreißigfach, ja sechzigfach und hundertfach. Und Jesus sprach: Wer Ohren hat zum Hören, der höre!

Markus 4,8–9

Andere sagen: »Wir begreifen schon, was Jesus wollte, als er vom Reich Gottes sprach. Es ist etwas Zauberhaftes um seine Botschaft, von der Sorglosigkeit der Vögel des Himmels und der Lilien auf dem Feld. Aber wer kann eine solche Poesie leben? Die Zwänge des Alltags hindern uns daran. Wir werden verschlissen und sind überfordert. Wir sind gehetzt, und dagegen kommt keiner an. Das Reich Gottes hat keinen Termin in unserem Kalender. Den Sonntag brauchen wir ohnehin für gesellschaftliche Verpflichtungen. Von Innenleben steht nichts im Programm unserer Firma. – Der Dornen sind zu viele. Warum nehmen wir viele Dinge so wichtig? Warum lassen wir uns von ihnen tyrannisieren? Warum gieren wir so nach Besitz und Einfluss, als ob uns das alles vor der großen Angst schützen könnte? Sie ist geblieben, diese Existenzangst, auch wenn sie mancher zu verlachen sucht. Sie holt uns immer wieder ein.

Habt Mut zum eigenen Leben, zur eigenen Persönlichkeit! Fürchtet weder die Tiefen des Unbewussten noch die Unsicherheit von außen. Habt Mut, auch eine Zeit lang auf einem schwankenden Brett zu schwimmen und anders zu sein als die anderen! Geht nicht gleich wieder konform mit den Nachbarn, auch wenn sie über euch lachen! Tief in unserem Inneren lebt die Gewissheit, dass wir der Klang des Göttlichen sind, auch wenn unsere Ohren manchmal zu verstopfen drohen. Nehmt euch die Zeit zur Ruhe und Stille! Horcht auf dieses ewige Wort in euch, das hinter all diesem Getriebe laut und deutlich ertönt!

Er sagte: Mit dem Reich Gottes ist es so, wie wenn ein Mann Samen auf seinen Acker sät; dann schläft er und steht wieder auf, es wird Nacht und wird Tag, der Samen keimt und wächst und der Mann weiß nicht, wie. Die Erde bringt von selbst ihre Frucht, zuerst den Halm, dann die Ähre, dann das volle Korn in der Ähre. Sobald aber die Frucht reif ist, legt er die Sichel an; denn die Zeit der Ernte ist da.

Markus 4,26–29

Mit dem Reich Gottes verhält es sich wie mit der Saat, die von selber wächst, sagt Jesus. Ist das nicht gleichbedeutend mit dem alten Axiom: Mensch, erkenne, wer du bist. Unser tiefstes Wesen weiß, wer wir sind. Weiß auch, wie wir uns zu entfalten haben. Wenn es uns nur gelänge, aus dieser Tiefe herauszuwachsen wie ein Samenkorn, das weiß, wie es zu werden hat. Wir probieren alle möglichen Schädlingsbekämpfungsmittel. Wir meinen, wir müssten das Unkraut immer gleich ausreißen. Wir können nicht warten, bis die Ernte reift.

Würden wir uns mehr der Sonne und dem Regen öffnen, würden wir uns Zeit für uns nehmen und füreinander, wir kämen viel weiter. Gott ist das Innerste dessen, was wir Menschen Evolution nennen. Die Saat wächst »automatisch«. Das griechische Wort heißt tatsächlich so: *automatae*. Der Same ist vom Sämann gesät. Er schläft und steht wieder auf, es wird Nacht und wird Tag, der Samen keimt und wächst, und der Mann weiß nicht, wie. Die Erde bringt von selbst ihre Frucht.

Wir brauchen Vertrauen in die göttliche Kraft, die alles durchpulst.

*Geht durch das enge Tor! Denn das Tor ist weit, das ins Verderben führt, und der Weg dahin ist breit und viele gehen auf ihm. Aber das Tor, das zum Leben führt, ist eng und der Weg dahin ist schmal und nur wenige finden ihn.*

Matthäus 7,13–14

Was wir sind, können wir nicht werden. Wasser kann nicht Wasser werden. Feuer kann nicht Feuer werden. Unser tiefstes Wesen ist göttlich und kann daher nicht göttlicher werden. Wir benehmen uns kindisch. Wir verdecken unsere Augen wie kleine Kinder und sagen: Such mich! Wir leben ein kindisches Spiel. Wir sind im hellen Tageslicht und sagen zu unserem göttlichen Wesen: Such mich! Erwachsen werden heißt, dieses Kinderspiel zu beenden. Reife meint zu entdecken, wer wir sind. Da ist keine enge Pforte. Unser Ich baut sie nur ständig auf. Da ist keine Schranke. Es ist ein torloses Tor.

Wie erkennen wir, dass da kein Tor ist? Wir müssen alles aufgeben, was wir wissen und haben. Aber wir denken immer an materielle Dinge. Nein, das ist es nicht. Es ist das Loslassen unserer Vorstellungen, Ängste, Intentionen. Es ist gar nicht möglich, etwas anderes zu sein als ein Ausdruck unseres Wesens. Der Mechanismus des Intellekts hält uns ab, das zu erkennen. Die Tendenz des individuellen Geistes macht das Tor so eng. Es ist unsere Anhänglichkeit an unsere Vorstellungen und Muster, welche die Türe verengen. Unser Ich macht uns zu Menschen. Aber es blendet uns auch. Wir tun uns viel Leid an damit. Alles, was wir zu lernen haben, ist, Mensch zu sein. Nicht zu werten, nicht uns zu fürchten, sondern nur Mensch zu sein.

Dann sagte er zu dem Gastgeber: Wenn du mittags oder abends ein Essen gibst, so lade nicht deine Freunde oder deine Brüder, deine Verwandten oder reiche Nachbarn ein; sonst laden auch sie dich ein, und damit ist dir wieder alles vergolten. Nein, wenn du ein Essen gibst, dann lade Arme, Krüppel, Lahme und Blinde ein. Du wirst selig sein, denn sie können es dir nicht vergelten; es wird dir vergolten werden bei der Auferstehung der Gerechten.

Lukas 14,12–14

Der Weg zu Gott führt über den Abstieg in die eigene Dunkelheit. Wir müssen in die Tiefe steigen, um eine Quelle für unser Leben zu entdecken, denn dort ist die Kraft der Verwandlung. Das Gleichnis von den rechten Gästen ist für uns hier und jetzt geschrieben. Die rechten Gäste können unsere Verletzungen sein. Wenn du ein Essen gibst, dann lade die Blinden, die Armen, die Krüppel, die Lahmen ein, wie es bei Lukas heißt (12,13)! Und rede mit deinen Verletzungen, diesen wilden Hunden und söhne dich mit ihnen aus! Dann werden sie zum Tor in dein tiefstes Wesen. Wer sich mit seinen Verletzungen ausgesöhnt hat, wird eher zu einem reifen Menschen als andere. Das Leid der Verletzung – und es ist oft ein furchtbares Leid – wird zum Segen, wird zum Tor in unser wahres Selbst.

Da sprach Gott zu ihm: Du Narr! Noch in dieser Nacht wird man dein Leben von dir zurückfordern. Wem wird dann all das gehören, was du angehäuft hast?

Lukas 12,20

Jami, ein Sufimystiker, sagt in einem Gedicht: »Wer die Stadt der Liebe betritt, findet dort nur Raum für Einen.« Dort gibt es das Wort

»Ich« nicht. Dort gibt es nur das Wort »Wir«, besser noch, das Wort »Eins«. Sich getrennt von allem zu erleben ist der Zoll, den wir in der Geschichte der Evolution für unsere Menschwerdung – für das Auftauchen aus dem symbiotischen Vor-Bewusstsein – zu bezahlen haben. Wir wissen noch nicht, wie wir mit dieser Gabe »Ich« umzugehen haben. Sie hat uns in die Isolation geschleudert. Wir bauen Zäune um uns herum, sagen »mein« und verteidigen unseren Besitz oder wollen den anderen etwas wegnehmen. Wir bauen immer neue Scheunen, um eine Ernte einzubringen, die uns am Ende doch nichts nützt. Daher heißt es: »Du Narr! Noch in dieser Nacht wird man dein Leben von dir zurückfordern. Wem wird dann all das gehören, was du angehäuft hast?«

Wir wissen noch nicht, wie man sich als Gemeinschaft fühlt und wie man als Gemeinschaft lebt, wie man mit anderen teilt. Wir wissen das nicht, weil es an Moral fehlt – das ist sehr wichtig –, sondern weil wir uns nicht als Familie erfahren, die aus einer gemeinsamen Quelle lebt. Wir erfahren uns nicht als Eins. Das ist das große Problem des Einzelnen, aber auch der Stämme und Völker.

Ich bin das Brot des Lebens. Eure Väter haben in der Wüste das Manna gegessen und sind gestorben. So aber ist es mit dem Brot, das vom Himmel herabkommt: Wenn jemand davon isst, wird er nicht sterben. Ich bin das lebendige Brot, das vom Himmel herabgekommen ist. Wer von diesem Brot isst, wird in Ewigkeit leben. Das Brot, das ich geben werde, ist mein Fleisch, (ich gebe es hin) für das Leben der Welt.

Johannes 6,48–51

Dieses Brot ist Zeichen für die Wirklichkeit Leben. Wir beziehen das Wort »Wer von diesem Brot isst« meist nur auf die Hostie, als ob es allein um dieses Stück Brot ginge. Dieses Brot ist Zeichen für die Wirklichkeit Leben. Diese Wirklichkeit Leben verbirgt sich unserem leiblichen Auge. Im Brot soll sie uns aufleuchten. Und so, wie sie uns im Brot aufleuchtet, soll sie uns in allem aufleuchten, was existiert. Es gibt nichts, in dem nicht das Göttliche aufleuchtet. Ob wir es erkennen oder nicht, spielt dabei keine Rolle. Brot ist nur herausgehoben, damit wir an dieser Wirklichkeit erkennen, dass es in allem aufleuchtet. Dieser Kosmos ist nur das Echo dieses Klanges Gott.

Wer das erfährt, der geht mit großer Ehrfurcht durch das Leben. Und geht mit allem sehr ehrfürchtig um. Wenn wir dieses Leben, das im Bilde des Brotes Ausdruck findet, in uns befreien können, verwandelt es uns und die Welt. Dann hindern wir Gott nicht mehr, in uns und durch uns zu leben. Dann erfahren wir ihn als alle Dinge. Wir erfahren ihn als Ich, als Baum, als Blume.

*Am letzten Tag des Festes, dem großen Tag, stellte sich Jesus hin und rief: Wer Durst hat, komme zu mir, und es trinke, wer an mich glaubt. Wie die Schrift sagt: Aus seinem Inneren werden Ströme von lebendigem Wasser fließen.*

*Johannes 7,37–38*

Von den Strömen des lebendigen Wassers ist hier die Rede. Wasser, das aus unserem Innern fließt. Wasser ist Symbol für das göttliche Sein. Unser tiefstes Wesen ist göttliches Sein ...

Wir Menschen haben einen existenziellen Durst. Wir versuchen, diesen Durst an vielen

Quellen zu stillen, indem wir vielen Dingen nachlaufen. Hier trifft sich die Aussage Jesu mit der Aussage Buddhas und den Aussagen anderer heiliger Bücher. Solange der Mensch nur Durst nach Nahrung, Vergnügen und vordergründigen Dingen hat, ist das Leid unumgänglich. Obwohl er seinem Triebbedürfnis nachgibt, wird es sich periodisch immer wieder melden, und er kann sein Leben verschleißen im Gang zu immer neuen Brunnen, bis er merkt, dass er in Wahrheit gar nicht den Durst des Leibes löschen will, sondern die viel tiefere Sehnsucht nach dem Wasser des Lebens, die Sehnsucht nach ewigem Leben ...

Das Wasser des Lebens ist das Leben Gottes, das wir alle in uns tragen. Es ist das göttliche Prinzip, das unsere wahre Natur ist. Es ist uns nicht fern. Nur wenn wir dieses Wasser des Lebens finden, macht auch alles andere Sinn: die Freuden und Erlebnisse dieser Welt ...

Beides gehört zusammen, Gott und die Dinge. Aber nur, wenn sich uns Gott in den Dingen offenbart, werden wir glücklich damit.

*Ich bin der gute Hirt. Der gute Hirt gibt sein Leben hin für die Schafe.*

*Johannes 10,11*

Hier wird uns Gott unter dem Bild des liebenden Hirten gezeigt, der die Lämmer auf dem Arm trägt und seine Herde zur Weide führt. Solche Texte stammen aus der Nomadenzeit der Israeliten. Sie reden von der unwegsamen Steppe, die eine Straße bekommt, und von der Berglandschaft, die so mühevoll zu durchwandern ist und die abgetragen wird. Wunschvorstellungen der Nomaden, die für sie zum Symbol für das Kommen Gottes werden. Sie sehen die Stadt Jerusalem, Symbol für die Herrlichkeit Gottes. Wenn ein Nomade aus der Steppe in die Stadt kam, da wusste er sich geborgen. So sollen auch wir voller Hoffnung sein und uns trösten, dass es Gott ist, der sich in allem offenbart, der im

Krummen krumm ist und im Geraden gerade. Ja, wir sollen erkennen, dass wir die Herrlichkeit Gottes sind.

Uns wird gesagt, dass wir nichts zu fürchten haben. Gott wird sich durchsetzen. Aber das ist sehr menschlich gedacht. Es gibt nichts außer Gott. Gott entfaltet sich in dem, was ist. Gott ist das innerste Prinzip dieses Kosmos. Der Kosmos ist sein Kleid. Der Kosmos ist das Echo Gottes. Aus Gott kann nur Göttliches geboren werden. All unsere Angst vor dem Untergang ist unnötig; denn Gott ist auch der Untergang. »Was kümmert es mich, dass ich Schiffbruch erleide, wenn Gott das Weltmeer ist?« Wo sollen wir denn hinfallen? Gott fällt in uns, wohin auch immer wir fallen. Oder – wie die Gita sagt – »Wiedergeboren wird immer nur der Herr«. Wenn wir sterben und in eine neue Existenz eingehen, ist es Gott, der in uns stirbt und in eine neue Existenz eingeht. Unser Verstand kann das nicht fassen. Aber der Glaube gibt uns Hoffnung und Zuversicht, denn es ist nicht unser Leben, das wir leben, sondern Gottes Leben.

*Ich bin der Weinstock, ihr seid die Reben.
Wer in mir bleibt und in wem ich bleibe,
der bringt reiche Frucht; denn getrennt
von mir könnt ihr nichts vollbringen.*

Johannes 15,5

Religion müsste uns sagen, wer wir sind und was der Sinn unseres Daseins ist. Wir sind eine Rebe am Weinstock Gott. Es ist also nicht unser Leben, das uns durchpulst, sondern das Leben Gottes. Religion sollte uns auch nicht Angst machen vor einem rächenden Gott, der uns am Ende unseres Lebens richtet. Es ist schlimm, wie dieses primitive Gottesbild immer noch in den Köpfen der Menschen spukt und ihnen Angst macht. Gott ist unser tiefstes Wesen. Wie also könnte es gegen uns sein? Nie waren wir ohne ihn, nie werden wir ohne ihn sein, so wenig, wie das Blatt am Rebstock ohne den Rebstock sein kann.

Weinstock und Rebzweige sind hier nur ein anderes Bild für Vater und Sohn. Es kündet uns von der Einheit, denn der Vater und der Sohn bilden eine Einheit. Weinstock und Reben bilden eine Einheit, die man nicht trennen kann. Es gibt keinen Rebzweig ohne Weinstock und keinen Sohn ohne Vater. Gott und Mensch sind eine Einheit, die sich nicht trennen lässt. Wir gehören in diese Familie Gott. Gott ist gleichsam unser Nachname. Und wenn man uns fragt: Woher seid ihr?, können wir antworten: Wir sind Söhne und Töchter des göttlichen Vaters, Brüder und Schwestern Jesu. Wir sind Reben am Weinstock, den wir Gott nennen.

Im Haus meines Vaters gibt es viele Wohnungen. Wenn es nicht so wäre, hätte ich euch dann gesagt: Ich gehe, um einen Platz für euch vorzubereiten? Wenn ich gegangen bin und einen Platz für euch vorbereitet habe, komme ich wieder und werde euch zu mir holen, damit auch ihr dort seid, wo ich bin.

Johannes 14,2–3

Das Alter bietet uns die letzte Möglichkeit für unseren menschlichen Reifungsprozess. Es ist die letzte Etappe und daher eine entscheidende Lebensphase, ein Angebot, noch einmal zu wachsen, zu reifen und alles in Liebe zu umarmen. Wir sind immer noch im Werden, es gilt, unsere Geburt zu vollenden. Diese Zeit ist vor allem ein Weg nach innen. Die Rolle, die ich als Mensch gespielt habe – als Lehrer, Priester, Referent, Buchautor, Zenmeister –, relativiert sich. Bald werde ich als die Spielfigur des grandiosen Spielers »Gott« vom Brett genommen. Das Leben endet nie. Ich lasse los und glaube an die Verheißung Jesu, dass es im Hause des Vaters viele Wohnungen gibt. Ob ich von dieser personalen Struktur etwas mitnehmen kann, weiß ich nicht. Es ist auch nicht wichtig. In diesem Universum gibt es Milliarden von Möglichkeiten zu existieren. Und sicher gibt es auch Milliarden von Möglichkeiten der Verwandlung. Niemand kann sich zunächst vorstellen, dass aus einer unansehnlichen Puppe ein prächtiger Schmetterling wird. Warum sollte eine Auferstehung nicht etwas ganz Neues bringen? Das Leben endet nie.

Die Juden entgegneten: Du bist noch keine fünfzig Jahre alt und willst Abraham gesehen haben.

Johannes 8,57

Rose Ausländer schrieb: »Vor seiner Geburt war Jesus auferstanden. Sterben gilt nicht für Gott und seine Kinder. Wir Auferstandene vor unserer Geburt.«

Rumi sang in seinem Lied: »Bevor es Garten, Weinstock oder Traube gab in dieser Welt, war unsere Seele bereits trunken vom Wein der Unsterblichkeit.«

Meister Eckhart predigte: »Wenn ich zurückkomme in ›Gott‹ .... Wenn ich in den Grund, in den Boden, in den Strom und in die Quelle der Gottheit komme, so fragt mich niemand, woher ich komme oder wo ich gewesen sei. Dort hat mich niemand vermisst.« (Predigt 26) Und er fährt fort: »Und darum bin ich ungeboren, und darum kann ich niemals sterben. Aufgrund meines Ungeborenseins bin ich ewig gewesen und bin jetzt und werde ewig bleiben. Was ich durch meine Geburt bin, das wird sterben und zunichtewerden, denn es ist vergänglich.«

Dürfen auch wir diese Sätze sagen? »Bevor Abraham ward, bin ich.« »Wenn ich in Gott zurückkomme, so hat mich dort niemand vermisst. Ich war nicht fort. Nie bin ich aus Gott herausgefallen.«

In der Taufe wurde uns diese Einheit mit Gott bestätigt. Da wurde nichts abgewaschen. Wie bei Jesus öffnete sich der Himmel, und eine Stimme sprach: »Dieser ist mein geliebter Sohn, diese ist meine geliebte Tochter.«

Als es mir persönlich vergönnt war, die Grenzen des Ich zu überschreiten, habe ich erkannt, dass es kein Sterben gibt. Einmal stand ich an der Schwelle und war bereit zu gehen. Es war kein Zu-Ende-Kommen, es war ein Eingeladen-Werden in eine umfassende, beglückende Wirklichkeit. Eine unglaubliche Stille entstand. Ich könnte auch sagen, eine Leere, aber die Leere hatte eine Qualität. Sie lud mich ein zu kommen. Aber die Zeit zu gehen war noch nicht da. Mir wurde klar bedeutet: Hinüber-Wollen ist nicht möglich. Du musst gerufen werden. – Die Dinge waren, was sie sind. Und plötzlich gab es auch keine Spaltung, kein Gegenüber mehr, sondern nur Einheit.

Was zurückblieb, war die Gewissheit, dass ich nicht das bin, was ich gemeint hatte zu sein, und dass alles aus der Essenz kommt, die wir Gott nennen, und nichts kann davon getrennt sein. Und noch etwas wurde mir klar: Nicht einmal das, was wir böse nennen, ist getrennt. Es ist nur Mangel an Erkenntnis. Eine tiefe Ehrfurcht vor den und dem Anderen und eine heilige Ehrfurcht vor mir selbst, vor meiner eigenen Würde und selbst vor der Würde von Terroristen und Menschenschindern erfüllte mich. Nichts ist ausgenommen. Jedes Wesen ist ein leuchtendes spirituelles Zentrum. Wenn die Hülle geht, erfährt der Mensch seine Herkunft und stellt fest, dass er nie woanders war. Die Erfahrung floss in eine tiefe Demut und in einen klaren Auftrag: Anderen zu dieser Erfahrung zu verhelfen.

Amen, amen, das sage ich dir: Als du noch jung warst, hast du dich selbst gegürtet und konntest gehen, wohin du wolltest. Wenn du aber alt geworden bist, wirst du deine Hände ausstrecken, und ein anderer wird dich gürten und dich führen, wohin du nicht willst.

Johannes 21,18

Ein anderer wird dich gürten und führen«, wird uns gesagt, wenn wir ins letzte Drittel unseres Lebens einsteigen. Ein anderer wird uns gürten und zum Aufbruch mahnen. Der Tod ist ein so wichtiges Ereignis wie das Geborenwerden. Er ist in Wirklichkeit wieder eine Geburt. Wir sollten vor allem auf das Neue schauen, das vor uns liegt. Manche meinen, sie hätten sich diesen Platz auf Erden ausgesucht, um zu reifen. Nicht wir haben uns diesen Platz ausgesucht, Gott hat ihn uns ausgesucht, um sich in dieser unserer Gestalt zu verwirklichen. Wir sollten den Mut haben, das durchzustehen, und uns nicht ständig einen anderen Platz wünschen, eine vermeintlich bessere Situation. Unser Aufenthalt hier auf dieser Erde ist ein Akt Gottes. Es ist nicht unser Spiel, das wir hier spielen. Es ist das Spiel Gottes, das er mit uns spielt.

»Du wirst deine Hände ausstrecken.« Du brauchst keine Angst zu haben. Strecke deine Hände aus! Du bist geführt. Angst greift oft nach den älteren Menschen. Aber Angst und Bedrohung können auch eine positive Wirkung haben, indem sie ein Ja zu unserer Begrenztheit bewirken, die uns unsere Abhängigkeit von Gott bewusst macht. Angst wird zur heilsamen Erfahrung der Wahrheit über die Begrenztheit und Sterblichkeit des Ich. Strecke deine Hände aus! Da ist einer, zu dem du die Hände ausstrecken kannst. Er wird dich führen.

Jeder wird eines Tages schmerzlich erfahren, dass er nicht mehr gehen kann, wohin er will. Wir leben in einer Kultur, in der »jung sein« verherrlicht wird. Jeder fühlt sich verpflichtet, jung zu bleiben. Dem Alter wird wenig Verständnis und Unterstützung entgegengebracht. Doch unser menschliches Leben ist ein dauerndes Werden. Ziel ist es, zur Fülle voranzuschreiten und die reife Frucht des Lebens zu ernten. Wer ewig jung bleiben will, verweigert die Reife.

Das gilt auch dann noch, wenn die Körperkräfte nachlassen, wenn Hören und Sehen eingeschränkt werden. Gerade dann stellt sich die Frage nach dem Sinn des Lebens in entscheidender Weise neu. Das Durchleben von Krankheit kann zu einer neuen Begegnung mit sich selbst führen und zu einem ganz neuen Offensein für Gott und die Mitmenschen. Reifen durch Leid, ist das möglich? Die eigentliche Reife des Menschen beginnt tatsächlich dann, wenn er sich nur noch in das fügen kann, was ihm beschieden ist.

# DIE ERLEUCHTUNG

Kaum war Jesus getauft und aus dem Wasser gestiegen, da öffnete sich der Himmel, und er sah den Geist Gottes wie eine Taube auf sich herabkommen. Und eine Stimme aus dem Himmel sprach: Das ist mein geliebter Sohn, an dem ich Gefallen gefunden habe.

Matthäus 3,16–17

Dieses göttliche Prinzip ist uns bei der Taufe bestätigt worden. So wie über Jesus eine Stimme erscholl: »Dieser ist mein geliebter Sohn«, »Diese ist meine geliebte Tochter«, so erschallt über jedem Kind, das getauft wird, diese Stimme, die bestätigt, dass wir Kinder Gottes sind, dass wir göttlichen Ursprungs sind, dass wir unbefleckt empfangen sind. Die Taufe hat uns nichts Neues gebracht, sie hat uns nur unser göttliches Wesen bekräftigt.

Christlich ausgedrückt, heißt das: Wir sind göttliches Leben, das diese menschliche Erfahrung macht. Wir sind göttliches Leben, das sich inkarniert hat und Mensch geworden ist. Das ist die Botschaft von der Inkarnation Gottes in Jesus. Wie in Jesus ist dieses göttliche Prinzip in jedem von uns Mensch geworden. Das Universum ist nichts anderes als ein Bewusstseinsfeld, das sich immer wieder materialisiert. Gott kreiert sich selber in jedem Augenblick. Warum denn verkürzen wir diese Botschaft nur auf Jesus und Maria?

*Danach trieb der Geist Jesus in die Wüste.*

Markus 1,12

Was geschieht, wenn jemand ehrlich in die Wüste geht? Jesus war bei den Tieren, sagt die Schrift im Bericht von den 40 Wüstentagen Jesu. Wer in die Wüste geht, trifft dort keinen romantischen Sonnenuntergang an. Er trifft auf seine Tiere. Er trifft auf sich selber, auf das, was er am liebsten vor sich selber verbergen möchte. Er trifft auf alle ungelösten Probleme, auf seinen Schatten, auf die Dämonen und Teufel, wie das die christliche Tradition nennt. Dann geht es nicht darum, all das fortzujagen und sich zu verweigern, sondern sich damit auseinanderzusetzen, wie uns an Jesus bei seinem Wüstenaufenthalt gezeigt wird, als er versucht wurde. Die Wüste, die Einsamkeit, zwingt uns, uns anzuschauen und anzunehmen. Nicht einmal den Teufel sollten wir hinauswerfen, er ist unser Bruder, und er will als unser Bruder behandelt werden. Er ist nicht der Abfallhaufen, auf den wir auch noch unseren Unrat werfen können. Er ist die Symbolfigur für unsere negativen Tendenzen und Taten. In unseren Kursen stößt man notgedrungen auf seinen Schatten. Reinigung nannte das die Mystik. Der mystische Weg ist zunächst ein Weg der Reinigung. Die Psychologie sagt dazu Weg der Integration.

Jesus zeigt uns in der Wüste, wie wir mit dem Bösen umzugehen haben. Er spricht mit dem Teufel. Auch wir haben mit dem Bösen in uns zu sprechen und zu erkennen, dass es zu uns gehört und akzeptiert werden will. Nur dann plagt es uns nicht mehr. Wir müssen es nicht ausagieren.

Sechs Tage danach nahm Jesus Petrus, Jakobus und Johannes beiseite und führte sie auf einen hohen Berg, aber nur sie allein. Und er wurde vor ihren Augen verwandelt; seine Kleider wurden strahlend weiß, so weiß, wie sie auf Erden kein Bleicher machen kann.

Markus 9,2–3

Auf dem Berg Tabor erkannten die Jünger zum ersten Mal, wer Jesus wirklich war. Jesus war immer transparent für das Göttliche, nur konnten die Jünger es nicht sehen. Jetzt erst erkannten sie ihn. Sein wahres Wesen kommt zum Vorschein und dringt sogar durch die Kleider, sagt das Evangelium. Das Göttliche dringt ungehindert durch alles hindurch, wir sehen es nur nicht. Wir dürfen bei Jesus nicht stehen bleiben. Wir sollten uns selber, unsere eigene wahre Gestalt in Jesus erkennen. Das Christus-Bewusstsein will sich an uns wiederholen, denn auch wir sind Gottes voll. Auch wir sind für das Göttliche transparent. Auch wir sind theophan, durchscheinend für Gott, eine Erscheinungsform des Göttlichen. Die Transfiguration, die Durchformung, ereignet sich auch an uns, auch wenn wir das nicht sehen. Auch wir sind eine Epiphanie des göttlichen Urprinzips. Leider sind unsere Augen gehalten, wie die Augen der Jünger die ganze Zeit gehalten waren.

Das Leben wäre so einfach, wenn wir immer erkennen könnten, wer wir sind, oder wenn wir unseren Nachbarn erkennen könnten, wer er ist. Wenn wir unser Strahlen, das auch durch unsere Kleider dringt, erfahren könnten. Wir sehen noch nicht, dass die ganze Welt Tabor ist, dass selbst alles Leid davon durchdrungen ist. Wir leben zusammen mit strahlenden, leuchtenden Menschen. Wir sind nur noch nicht so weit, dass wir das erkennen können. Einmal werden wir uns als Menschen so weit entwickelt haben, dass wir uns als Söhne und Töchter Gottes erkennen. Dann und nur dann wird auf dieser Erde Friede sein.

Unser wahres Wesen leuchtet immer in uns, auch wenn es unseren Augen verborgen ist. Es leuchtet in uns, auch wenn wir Probleme im Umgang miteinander haben. Es leuchtet in uns, auch wenn uns das Leid der Welt niederdrückt. In der christlichen Tradition ist Jesus die Verheißung und das Versprechen, dass hinter alldem unser wahres göttliches Wesen steht, diese Urnatur, die auch Shakyamuni Buddha und viele Weise in allen Wesen erkannten. Alle Religionsstifter wollten die Menschen auf einen Pfad der Erkenntnis führen – auf einen Pfad der Erfahrung ihres tiefsten Wesens. Dieses unser ursprüngliches Wesen drückt sich immer in uns aus.

Davon kündet auch die Verklärung Christi. Man könnte diesen Tag auch den Erleuchtungstag Jesu nennen. Er stieg auf den Berg Tabor. Dort widerfuhr ihm eine tiefe mystische Erfahrung. Auf dem Berg Tabor erkannten die Jünger wohl zum ersten Mal, wer Jesus wirklich ist. Sie erkannten, was der Mensch ist und was sie selbst sind. In Jesus war das Göttliche immer transparent. Die Jünger konnten es nur nicht sehen. Doch nun erkannten sie ihn. Sein wahres Wesen kam zum Vorschein und drang sogar durch seine Kleidung. Das Göttliche, diese Urwirklichkeit, dringt ungehindert durch alles hindurch. Wir sehen es nur nicht. Wir sollten aber bei Jesus nicht stehen bleiben. Wir sollten uns selbst, unsere eigene wahre Gestalt in Jesus erkennen. Auch wir sind eine Epiphanie des göttlichen Urgrundes. Die ganze Welt ist der Berg Tabor, selbst alles Leid ist davon durchdrungen.

Von da an begann Jesus, seinen Jüngern zu erklären, er müsse nach Jerusalem gehen und von den Ältesten, den Hohenpriestern und den Schriftgelehrten vieles erleiden; er werde getötet werden, aber am dritten Tag werde er auferstehen.

Matthäus 16,21

Die Leiden und Unsicherheiten unseres Lebens, so schmerzhaft und bedrückend sie auch sind, lehren uns und führen uns zur Reife. Wir ordnen Leid viel zu schnell ein unter Verzicht, Lebensfeindlichkeit und Strafe.

In Wirklichkeit ist es die Voraussetzung für Reifen und Wachsen. Niemand kann uns so trefflich lehren. Nichts hilft uns im Leben so weiter wie das Leid. Das klingt für manche Ohren negativ, aber es ist die Wahrheit.

Die Leiden unseres Lebens, die Schmerzen unseres Lebens sind der Weg. Erlebt den Schmerz, dem ihr nicht entkommen könnt! Erlebt ihn nicht fatalistisch und masochistisch, erlebt ihn in der Gewissheit, dass er etwas Neues bringt! Lasst gehen, was nicht zu halten ist! Wenn die Angst kommt, nehmt die Angst an und bekämpft sie nicht! Bleibt gegenwärtig im jetzigen Augenblick, wie auch immer er sich zeigen mag! Lasst aus der Hand fallen, was gerade genommen wurde, damit sie neu gefüllt werden kann! Dann trotzt die Freude dem Leid. Je mehr Übung wir im Loslassen und im Annehmen haben, desto erträglicher wird das Jetzt. Das Leid zwingt uns zur Entwicklung und zur Reife, ob wir wollen oder nicht. Schneller geht es, wenn wir einverstanden sind.

*Als Jesus in das Gebiet von Cäsarea Philippi kam, fragte er seine Jünger: Für wen halten die Leute den Menschensohn?*

Matthäus 16,13

»Wer bin ich?«, fragte Jesus den Petrus. »Du bist der Sohn Gottes!«, war die Antwort. Ich werde oft gefragt: Was bedeutet Jesus für Dich? Glaubst Du, dass er der Sohn Gottes war? Darauf kann ich mit Freuden »Ja« antworten. Aber dann muss ich mit Meister Eckhart sagen: »Was hülfe es mir, wenn ich einen Bruder hätte, der ein reicher Mann wäre, und ich wäre dabei ein armer Mann ...?«

Was würde mir alles helfen, wenn nicht auch ich sagen könnte: »Ich bin Sohn, ich bin Tochter Gottes wie Jesus«? Eckhart führt daher weiter: »Wollt ihr Gott erkennen, so müsst ihr dem Sohne nicht allein gleich sein, sondern ihr müsst der Sohn selber sein.« ...

Es gibt nur *ein* Leben Gottes. Das gleiche Leben, das Jesus durchpulste, durchpulst uns. Göttlichkeit ist unser angestammtes Recht. Jesus sagt: »Die Zeit ist erfüllt, das Reich Gottes ist nahe. Kehrt um und glaubt an die Frohbotschaft.« (Mk 1,14) »Kehrt um«, heißt hier, über den gewöhnlichen Geisteszustand hinauszugehen. Wir haben das um sich selbst kreisende Ich zu transzendieren, um jene göttliche Mitte zu erfahren. Man kann beide nicht auseinandernehmen. Wer Mensch sagt, sagt auch Gott. Wer Gott sagt, sagt auch Mensch. »Eines Tages werdet ihr wissen, dass ich und mein Vater eins sind«, sagt Jesus.

Wenn Jesus von sich selber sprach, nannte er sich Menschensohn. Jesus hält sich für den Menschen schlechthin. Er verstand sich auch als der neue Mensch des Reiches Gottes. Er ist die vollendete Verkörperung der neuen Menschheit, die kommen wird. Er lehrt einen höheren Bewusstseinsstand, den Bewusstseinsstand des Reiches Gottes, der Kindschaft Gottes, jenen göttlichen Seinsgrund, der unser wahres Wesen ist.

*Denn ich war hungrig, und ihr habt mir zu essen gegeben; ich war durstig, und ihr habt mir zu trinken gegeben; ich war fremd und obdachlos, und ihr habt mich aufgenommen; ich war nackt, und ihr habt mir Kleidung gegeben; ich war krank, und ihr habt mich besucht; ich war im Gefängnis, und ihr seid zu mir gekommen.*

Matthäus 25,35–36

Auch Jesus setzt sein Leben mit dem eines jeden anderen Menschen gleich. Meister Eckhart sagte daher zu Recht: »Wer Gott mehr liebt als seinen Nächsten, der liebt ihn noch nicht auf vollkommene Weise.« Es geht um die Einheitserfahrung mit allem und jedem, aus der die wahre Liebe aufsteigt.

In dieser Einheitserfahrung liegt die Weisheit aller spirituellen Wege begründet, eine Weisheit, die besagt, dass es keine Trennung zwischen einem Ich und einem Du, zwischen diesem Urgrund Gott und den Menschen gibt. In dieser Erfahrung der Einheit aller Wesen und allen Lebens liegt das Ziel des spirituellen Weges. Aus dieser Erfahrung erwächst Liebe. Und wer liebt, empfängt. Denn Liebe ist wie der Ruf in eine Echowand – es schallt zurück, wenn ich hineinrufe.

Diese Liebe verändert die Menschen. Ich kann dann gar nicht anders, als auf meinen Mitmenschen zuzugehen, dessen Leid ich als mein Leid erfahre und dessen Freude auch meine Freude ist. Hier gibt es keine Bevorzugung mehr, was nicht heißt, dass auf der persönlichen Ebene die Mutter ihre Kinder nicht mehr in besonderer Weise liebt und ein Partner und die Partnerin nicht in besonderer Beziehung zueinander stehen. Diese Erfahrung des Urgrunds verändert die Menschen von innen heraus, und das ist die Zielsetzung für eine Veränderung der Menschheit.

Wenn ihr mich erkannt habt, werdet ihr auch meinen Vater erkennen. Schon jetzt kennt ihr ihn und habt ihn gesehen. Philippus sagte zu ihm: Herr, zeig uns den Vater; das genügt uns. Jesus antwortete ihm: Schon so lange bin ich bei euch und du hast mich nicht erkannt, Philippus? Wer mich gesehen hat, hat den Vater gesehen. Wie kannst du sagen: Zeig uns den Vater?

Johannes 14,7-9

Als ich mich mit dem Koan von Echo beschäftigte, fiel mir die Frage des Philippus ein. Er fragte Jesus: »Wo gehst du hin?« Jesus antwortete: »Ich gehe zum Vater.« ...

»Vater«, das heißt so viel wie »das wahre Wesen«. Das wahre Wesen ist jeder und jede von uns. Wer durchgebrochen ist, kann es in allen Formen erkennen.

Und darum kann jeder von uns das auch sagen. Was wir wirklich sind, ist zeitlos. Es ist weder geboren, noch kann es sterben. »Du bist es doch!«, sagt Jesus zu Philippus. Er hätte auch sagen können: »Philippus, wer dich sieht, sieht den Vater.«

Es gilt zu erkennen, wer wir wirklich sind. Dann spricht Gott auch aus uns: »Bevor Abraham ward, bin ich.« Jesus ist der Weg zum Vater. Leider geht es den Menschen immer noch wie Philippus. Sie bitten verzagt: »Zeige uns den Vater!« Schon so lange ist Jesus hier und wir fragen immer noch. Warum wagen wir nicht zu sagen: »Ich und der Vater sind eins.« (Joh 14,8–10)

Am Tag darauf hörte die Volksmenge, die sich zum Fest eingefunden hatte, Jesus komme nach Jerusalem. Da nahmen sie Palmzweige, zogen hinaus, um ihn zu empfangen, und riefen: Hosanna! Gesegnet sei er, der kommt im Namen des Herrn, der König Israels!

Johannes 12,12–13

Jesus Christus hat als der Kosmische Christus die Bedeutung und Wirkung eines Archetypus, der für das Göttliche in der Schöpfung steht. Er ist der Archetypus für das Göttliche in uns. Uns durchpulst das Göttliche, das er Vater genannt hat, genauso, wie es ihn durchpulst hat. Was sich an ihm ereignet hat, hat sich an uns ereignet, nur ist es für uns nicht offenbar.

Als dieser Kosmische Christus zieht Jesus in Jerusalem ein und sagt uns, dass auch Leiden und Sterben Manifestationen des Göttlichen sind. Als dieser Jesus Christus ziehen aber auch wir mit ihm in Jerusalem ein. Mit ihm gehen wir durch Tod und Auferstehung. An diesem Ereignis sollen wir lernen, dass Leben durch viele Tode und Auferstehungen zu gehen hat. Wir sollen lernen, uns mit dem Leben zu vereinigen, das Tod und Auferstehung nicht kennt. Wir sollen lernen, dass Tod immer nur der Verwandlungsprozess in eine neue Form des Lebens ist. Nur wenn wir bereit sind, durch Tod und Auferstehung immer wieder in eine neue Form zu gehen, werden wir dem dynamischen göttlichen Prinzip gerecht.

Am ersten Tag der Woche kam Maria von Magdala frühmorgens, als es noch dunkel war, zum Grab und sah, dass der Stein vom Grab weggenommen war. Da lief sie schnell zu Simon Petrus und dem Jünger, den Jesus liebte, und sagte zu ihnen: Man hat den Herrn aus dem Grab weggenommen, und wir wissen nicht, wohin man ihn gelegt hat.

Johannes 20,1–2

Was wäre, wenn sich die These, die jetzt in manchen Büchern vertreten wird, bewahrheiten würde: »Jesus starb nicht wirklich am Kreuz, sondern ging nach Indien. Dort wurde sogar sein Grab gefunden«? – Was wäre, wenn wir historisch nachweisen könnten, dass die Gebeine Jesu gefunden wurden? Wäre dann unser Christentum nur ein übler Scherz?

Ostern war ein Ereignis, das *in* den Jüngern stattfand. Auferstehung beschreibt kein Erleben, das in Kategorien von Raum und Zeit einzuordnen ist. Wer die Auferstehung aus der Ebene der Symbolik entlässt und sie ins Historische drängt, missversteht die Botschaft. Die Osterbotschaft wird von Menschen bezeugt, die Jesus als den Weiterlebenden, den Unsterblichen erfahren haben. Das leere Grab, der Engel, der Gang nach Emmaus sind Ausdrucksformen für diese innere Erfahrung. Das Wort *ophte* (offenbaren, vgl. 1 Kor 15,5) deutet an, dass Jesus nicht einfach von den Jüngern gesehen wurde. Er wurde ihnen offenbart, kundgetan.

Es war also nicht eine Begegnung mit einem leibhaftigen Gegenüber, auch wenn das in den Evangelien so geschildert wird: Thomas legte seine Hand in Jesu Seite, Jesus aß mit ihnen ... Es war vielmehr eine innere Erfahrung. »Da gingen ihnen die Augen auf.« Es geht also nicht um magische, parapsychische, mirakulöse Erfahrungen, sondern um eine innere Gewissheit. Auferstehung ist eine Erfahrung der Jünger, dass dieses Leben nicht alles ist, dass sie so, wie dieser Jesus in eine neue Existenz gegangen ist, auch in eine neue Existenz gehen werden. Leben kann nicht sterben. Es wird weitergehen ...

Wenn man heute die Gebeine Jesu finden würde und nachweisen könnte, er ist im Grab verwest, würde das an meinem Glauben an Jesus Christus nichts ändern. Die Erfahrung der Auferstehung hat mit Jesu Gebeinen nichts zu tun. Es ist eine Erfahrung, die jeder Mensch machen kann: dass sein tiefstes Wesen göttlich ist und daher nicht sterben kann.

Die Aussage ist klar. Unser Leben endet nicht mit dem Tod. Wir gehen ein in eine neue Existenz. Und jene Existenz ist – so hoffen wir – eine umfassendere Erfahrung Gottes, als diese jetzige Existenz sie bringen kann.

Der Engel aber sagte zu den Frauen: Fürchtet euch nicht! Ich weiß, ihr sucht Jesus, den Gekreuzigten. Er ist nicht hier; denn er ist auferstanden, wie er gesagt hat. Kommt her und seht euch die Stelle an, wo er lag. Dann geht schnell zu seinen Jüngern und sagt ihnen:
Er ist von den Toten auferstanden. Er geht euch voraus nach Galiläa, dort werdet ihr ihn sehen. Ich habe es euch gesagt.

Matthäus 28,5–7

Jesus gibt – so steht es in allen Evangelien – den Frauen den Auftrag, den Jüngern seine Auferstehung zu verkünden. Bevorzugt Jesus dabei die Frauen? Mir scheint, dass es um etwas anderes geht, nämlich um die Fähigkeit der Frauen, tiefinnerliche Erfahrungen auf religiösem Gebiet zu machen. Den weiblichen Anlagen ist dies offensichtlich eher gegeben als den männlichen. Nur wer bereit ist, zu empfangen, offen zu sein, schwanger zu gehen und zu gebären, wird auch erfassen, was Auferstehung und ewiges Leben ist. Der kann es auch den anderen verkünden. Der Frau scheint dies offenkundig leichter zu fallen, einen Zugang zur Dimension religiöser Erfahrungen zu finden. Die Jünger, die Männer also, ringen sich nachweislich nur sehr viel schwerer zu dieser Erkenntnis durch. Die Psyche der Frau wird zur Geburtsstätte der Auferstehungsbotschaft ...

Zurück zu unserem Text! Wir haben das Göttliche in uns zu entdecken. Wir sollten auch erkennen, dass wir damit schwanger gehen, dass es sich in uns gebären möchte und dass das nur über Offenheit, Lassen und Hingabe zu erfahren ist. So, wie es uns Maria von Magdalena und die anderen Frauengestalten in den Ostererzählungen zeigen.

Als er das gesagt hatte, wurde er vor ihren Augen emporgehoben, und eine Wolke nahm ihn auf und entzog ihn ihren Blicken.

Apostelgeschichte 1,9

Zunächst ist wichtig, dass Himmel nicht etwas ist, was sich räumlich weit weg von uns befindet. Es ist auch nicht etwas dort über uns, in das man nach oben auffahren kann. Er ist hier und jetzt. Auffahrt in den Himmel heißt nicht, dass Jesus mit seinem Körper abgehoben hat von dieser Erde, sondern: Himmel ist immer und überall. Himmel ist die Erkenntnis, dass wir göttlichen Wesens sind, göttliches Leben in uns tragen und dass das, was wir zutiefst sind, nicht vergehen kann. Nur die Form wird sich wandeln. Das Leben, was wir zutiefst sind, ist ungeboren und unsterblich.

Der Mythos von der Himmelfahrt Jesu sagt uns, dass wir alle berufen sind, in diesen Himmel zu kommen, das heißt, Gott zu erfahren und damit zu erfahren, wer wir wirklich sind. Wir tragen diesen göttlichen Kern in uns, den Zen die Wesensnatur nennt, Yoga Atman und die Christen ewiges Leben, Reich Gottes oder eben Himmel ...

Wir sind gemeint mit dieser Himmelfahrt. Wir können erfahren, was Jesus Christus erfahren hat. Der Himmel ist immer da. Was uns von ihm trennt, ist unsere Einengung durch unser Ich-

Bewusstsein, unser Besetztsein durch das Ego-Denken. Wenn wir diese Grenze von Raum und Zeit überschreiten könnten, wären wir aufgefahren, wären wir im Himmel. Himmel ist die Erkenntnis, dass wir göttlichen Ursprungs sind, dass wir göttliches Leben in uns tragen.

# DER HORIZONT

Wer Ohren hat, der höre, was der Geist den Gemeinden sagt: Wer siegt, dem werde ich von dem verborgenen Manna geben. Ich werde ihm einen weißen Stein geben, und auf dem Stein steht ein neuer Name, den nur der kennt, der ihn empfängt.

Offenbarung 2,17

Wer siegt, den werde ich zu einer Säule im Tempel meines Gottes machen, und er wird immer darin bleiben. Und ich werde auf ihn den Namen meines Gottes schreiben und den Namen der Stadt meines Gottes ... Ich werde auf ihn auch meinen neuen Namen schreiben.« (Offb 3,12)

Name bedeutet immer Individualität. Wir sind eine einmalige Ausformung des Göttlichen. Wir sind die Selbstoffenbarung Gottes in dieser ganz individuellen Form und sind von Gott so gemeint, wie wir sind. Es geht daher darum, uns so anzunehmen, wie wir sind.

Wir haben eine ganz individuelle Aufgabe in dieser Welt zu erfüllen. Niemand kann sie uns abnehmen. Wir sind der »neue Name« unseres Gottes. In uns geht er durch diese Zeit.

Wir sollten den Mut haben, das durchzustehen, und uns nicht ständig einen anderen Platz wünschen, eine vermeintlich bessere Situation, angenehmere Lebensumstände und so weiter.

Unser Aufenthalt hier auf dieser Erde ist nur ein Akt unseres Lebens. Worin seine besondere Bedeutung liegt, können wir offensichtlich in diesem unserem Bewusstseinsstand nicht vollständig erkennen. Die Erklärung liegt jedenfalls nicht im Ich-Bereich. Wir haben zu unserem wahren Wesen durchzustoßen, dorthin, wo Einheit mit Gott erfahrbar ist. Dort und nur dort macht unser Leben Sinn.

Dann sah ich einen neuen Himmel und eine neue Erde; denn der erste Himmel und die erste Erde sind vergangen, auch das Meer ist nicht mehr. Ich sah die heilige Stadt, das neue Jerusalem, von Gott her aus dem Himmel herabkommen; sie war bereit wie eine Braut, die sich für ihren Mann geschmückt hat. Da hörte ich eine laute Stimme vom Thron her rufen: Seht, das Zelt Gottes unter den Menschen! Er wird in ihrer Mitte wohnen, und sie werden sein Volk sein; und er, Gott, wird bei ihnen sein.

Offenbarung 21,1–3

Der Text versucht, uns hinter das rationale Begreifen zu führen. Dafür werden uns zwei Bilder ins Bewusstsein gerufen: Das Neue Jerusalem und das Zelt Gottes unter den Menschen. Es ist ein Bild für einen Bewusstseinsstand, nicht für einen Ort. Dieser Bewusstseinsstand kann hier und jetzt eintreten. In der Schrift wird dieser Bewusstseinsstand auch ewiges Leben genannt oder Reich Gottes. Es ist nicht etwas Kommendes. Es ist hier und jetzt. Nur eine Erkenntnisschranke trennt uns davon. Wenn wir diese durchschreiten können, erfahren wir, dass wir den göttlichen Funken in uns tragen, von dem alle Religionen sprechen. In diesem Bewusstseinsstand offenbaren »Tränen« und Freunden die Herrlichkeit Gottes.

Es wird keinen Tod mehr geben. Wer das Leben in seiner Tiefe erfährt, weiß, dass Geborenwerden und Sterben der Vollzug des Göttlichen sind. Er erfährt Einheit mit dem Leben. Er wohnt im Neuen Jerusalem. Das Neue Jerusalem ist nicht ein Ort, sondern die Erfahrung des Göttlichen hier und jetzt. Das soll uns auch das Bild vom »Zelt Gottes unter den Menschen« sagen. Das Bild des Zeltes stammt aus der Vorstellung der Nomaden. Die Bilder unseres Innern gehen weit zurück in die menschliche Vergangenheit. Es sind archetypische Bilder. Das Zelt ist die Behausung der Nomaden, ihr Daheim. Das Göttliche kann als unser Daheim erfahren werden, als unsere wahre Natur. Gott ist daheim bei uns, und wir sind daheim bei Gott. Da gibt es kein Klagegeschrei mehr. Denn der Tod wird als Übergang in eine neue Existenzform verstanden. Er ist der große Verwandler. Das, was an uns göttlich und ewig ist, bleibt in allen Existenzformen gleich.

Die Hauptaufgabe der Religion ist es, den Menschen zur Erkenntnis seines Wesens zu führen. Sie spricht noch in vielen anderen Bildern davon: »Heimkehr aus der Fremde«, »Rückkehr in den Schoß des Vaters«, »in das Vaterhaus«, »in das Reich Gottes«, »in die himmlische Stadt Jerusalem«. Aber in Wirklichkeit müssen wir nirgendwohin: Wir haben unserer eigenen göttlichen Tiefe nur eine Chance zu geben, uns zu finden.

# DIE REISE

Dann brach er auf und ging zu seinem Vater. Der Vater sah ihn schon von weitem kommen, und er hatte Mitleid mit ihm. Er lief dem Sohn entgegen, fiel ihm um den Hals und küsste ihn.

Lukas 15,20

Im Menschen wohnt eine tiefe Sehnsucht, die das Göttliche selber ist. Gott drängt in uns zur Entfaltung. In uns Menschen stellt sich das Erwachen des Göttlichen dar als tiefe Sehnsucht. Es ist die Sehnsucht, heimzukommen, den Platz zu finden, wo alles gut ist, wo man geliebt und angenommen ist. Der Mensch erfährt aber sehr bald im Leben, dass kein Mensch dem Menschen diese letzte Sicherheit geben kann, auch nicht der liebste. Es bleibt diese unüberbrückbare Trennung, bis wir unser wahres Selbst gefunden haben, besser, bis unser wahres Selbst durch alle Verkrustungen und Fehlentwicklungen hindurchgebrochen ist. Menschen machen sich also auf den Weg zu Gott, weil sie diese tiefste Sehnsucht in sich tragen, die letztlich die Sehnsucht Gottes selber ist. Es gibt eine alte Geschichte, die das sehr deutlich ausdrückt. Sie wird im Osten wie im Westen erzählt. Es ist die Geschichte vom Verlorenen Sohn.

Oft ist es das Leid, das Scheitern, das uns zur Besinnung bringt und uns an unser wahres Ziel erinnert. Das »Vaterhaus« ist es in der Geschichte (vom Verlorenen Sohn), gemeint ist damit unser wahres Wesen, die Rückkehr zur Einheit mit dem Urgrund des Lebens.

## TEXTNACHWEISE

Ohne das freundliche Entgegenkommen der lizenzgebenden Verlage, für das der Vier-Türme-Verlag und der Herausgeber herzlich danken, wäre das vorliegende Buch nicht zu realisieren gewesen. Um die Lesbarkeit einiger aus größerem Zusammenhang gelöster Texte zu erhalten, wurden da und dort kleinste redaktionelle Eingriffe vorgenommen, die aber den ursprünglichen Sinn der Texte nicht verändern.

*Die Texte von Willigis Jäger sind mit freundlicher Genehmigung entnommen aus:*

Willigis Jäger, **Anders von Gott reden**, © Verlag Via Nova, Petersberg, 3. Aufl. 2008. (= **A**)

Willigis Jäger, **Das Leben endet nie**. Über das Ankommen im Jetzt, 4. Aufl. 2012 Freiburg, Verlag Herder (= **J**), Textrechte © 2005 Theseus in J. Kamphausen Mediengruppe GmbH, Bielefeld.

Willigis Jäger, **Das Leben ist Religion**. Stationen eines spirituellen Wegs, © 2005, Kösel-

Verlag, München, in der Verlagsgruppe Random House GmbH (= **R**)

Willigis Jäger, **Ewige Weisheit**. Das Geheimnis hinter allen spirituellen Wegen, © 2009, Kösel-Verlag, München, in der Verlagsgruppe Random House GmbH (= **W**)

Willigis Jäger, **Suche nach dem Sinn des Lebens**. Bewußtseinswandel auf dem Weg nach innen. Vorträge, Ansprachen, Erfahrungsberichte, © Verlag Via Nova, Petersberg, 8. Aufl. 2008 (= **B**)

Willigis Jäger, **Über die Liebe**, © 2009, Kösel-Verlag, München, in der Verlagsgruppe Random House GmbH (= **L**)

Willigis Jäger, **Wohin unsere Sehnsucht führt**. Mystik im 21. Jahrhundert. Ansprachen, Predigten, Inspirationen, © Verlag Via Nova, Petersberg, 3. Aufl. 2007 (= **S**)

Die im Folgenden hervorgehobenen Ziffern beziehen sich auf die Seitenzahlen dieses Buches. Die anschließende Signatur verweist auf eines der oben stehenden Bücher von Willigis Jäger mit den jeweiligen Seitenangaben, unter denen der zitierte Text zu finden ist:

**15:** S 232–233; **18:** R 99; **19:** B 217–218; **23:** B 190, 191; **24:** B 193; **27:** B 227; **29:** 212; **30:** W 103–104; **33:** S 207; **34:** B 188; **36:** 236; **39:** S 192, 193; **40:** B 220; **43:** S 286; **44:** S 247; **47:** S 210–211; **48:** S 248; **50:** S 216, 217; **53f.:** J 92, 93, 94; **55:** J 97; **56:** S 164–165; **59:** B 235; **63:** S 239; **65:** A 21–22; **66:** L 116; **67:** L 117; **68:** A 40; **71:** S 217, 219; **73:** S 225; **74:** S 135, 136; **76:** S 137; **79:** S 257–258; **80:** S 258; **83:** S 118–119; **84:** S 253; **86:** A 68–69; **87:** S 254; **88:** S 238; **91:** S 266; **92:** S 256; **95:** S 197; **96f.:** B 219, 220; **98:** S 119–120; **99:** J 202; **100:** S 251; **103:** L 134; **105:** J 86–87; **109:** S 298; **110:** J 68; **113:** S 285; **114:** S 146; **117:** S 128; **118:** W 107–108; **120:** A 103, 105; **122:** B 195; **124:** L 12–13; **127:** R 79–80; **129:** S 312; **131f.:** B 204, 205; **135:** S 182, 183; **137f.:** S 190, 191; **140:** B 187; **143:** S 317; **144:** B 204; **147:** B 128, L 66.

## DER AUTOR

*Willigis Jäger* wurde 1925 geboren. Als Mönch der Benediktinerabtei Münsterschwarzach studierte er Philosophie und Theologie, 1952 wurde er zum Priester geweiht. 1960 bis 1964 war er in der Zentralstelle des BDKJ in Düsseldorf als einer der Referatsleiter zuständig. 1964 bis 1975 war er leitend für die Aktion »Missio« tätig und erreichte unter anderem, dass die Erlöse der Sternsingeraktion für die Missionswerke zur Verfügung gestellt werden.

1972 begann Willigis Jäger eine intensive Übung des Zazen und erhielt 1980 die Erlaubnis, Zen zu lehren.

Aufgrund von Auseinandersetzungen mit der römischen Glaubenskongregation ab dem Jahr

2000 erfolgte im gegenseitigen Einvernehmen eine Beurlaubung aus der Klostergemeinschaft, deren Mitglied Willigis Jäger aber weiterhin ist.

Ab dem Jahr 2003 entstand das Zen- und Kontemplationszentrum »Benediktushof« in Holzkirchen bei Würzburg – seitdem der Wohnort und die Wirkungsstätte von Willigis Jäger.

Willigis Jäger verkörpert eine konfessionsunabhängige Spiritualität, die den spirituell Suchenden des 21. Jahrhunderts Antworten auf ihre drängenden Fragen gibt. Als Zen- und Kontemplationsmeister ist er sowohl von der christlich-abendländischen Mystik als auch dem östlichen Zen geformt und geht gleichzeitig über die Konfessionen hinaus auf das zu, was allen spirituellen Wegen des Westens und des Ostens zugrunde liegt.

Willigis Jäger zählt zu den bekanntesten spirituellen Lehrern der Gegenwart und ist Autor einer großen Anzahl von Büchern. Zuletzt erschien 2013 von ihm und Anselm Grün im Vier-Türme-Verlag: Das Geheimnis jenseits aller Wege. Was uns eint, was uns trennt.

*www.willigis-jaeger.de*

## DER HERAUSGEBER

*Winfried Nonhoff* wurde 1951 geboren. Nach seinem Studium der Germanistik und Theologie in Tübingen wechselte er nach München. Er war als Redakteur einer religionspädagogischen Zeitschrift und dann als Lektor und Programmleiter für Religion und Religionspädagogik tätig. Als Verleger leitete er bis 2010 die Verlage Kösel und Diederichs. Seitdem engagiert er sich als Berater, Referent und Autor. Im Vier-Türme-Verlag gab er heraus: Anselm Grün/Willigis Jäger, Das Geheimnis jenseits aller Wege. Was uns eint, was uns trennt.

*Willigis Jäger*

**Anders von Gott reden**


Hardcover, 120 Seiten, 20 farbige Zenbilder
ISBN 978-3-86616-061-3
€ 14,80 (D), Verlag Via Nova, 3. Auflage 2008


Willigis Jäger interpretiert in diesem Buch biblische Texte, Ereignisse und Personen in einer neuen, ungewohnten Sichtweise als symbolische Darstellungen einer kosmisch-göttlichen Botschaft. Die Evolution des Seins und des Lebens, den Menschen und die Natur betrachtet er als Manifestationen Gottes: Gott ist für ihn das Urprinzip, die Urkraft, die sich in jedem Augenblick ereignet.

*Willigis Jäger*

**Wohin unsere Sehnsucht führt**

Mystik im 21. Jahrhundert.
Ansprachen, Predigten, Inspirationen

Paperback, 328 Seiten
ISBN 978-3-936486-21-6
€ 19,80 (D), Verlag Via Nova, 3. Auflage 2007

In diesem Buch geht es um einen einzigen Themenkomplex: das Göttliche und den Menschen in seinem Verhältnis zum Göttlichen. Der Autor vermittelt den suchenden Menschen unserer Zeit, die sich von den traditionellen Glaubenslehren nicht mehr genügend angesprochen fühlen, tiefere Einsichten von Gott, Religion und Welt.

*Willigis Jäger*

**Suche nach dem Sinn des Lebens**

Bewußtseinswandel auf dem Weg nach innen

Paperback, 272 Seiten
ISBN 978-3-928632-03-4
€ 17,50 (D), Verlag Via Nova, 8. Auflage 2008

Der Zenmeister Willigis Jäger (Roshi) gibt in seinem Bestseller Antworten auf die Urfrage des Menschen nach dem Sinn des Lebens. Alle wichtigen Themen des spirituellen Lebens werden in diesem Buch, das in viele Sprachen übersetzt wurde, grundlegend behandelt und in Bezug gesetzt zur christlichen Mystik, zu den großen Traditionen der esoterischen Wege anderer Religionen, zu den Ergebnissen moderner Naturwissenschaft und zu den Erkenntnissen der Transpersonalen Psychologie.

*Anselm Grün, Willigis Jäger, Winfried Nonhoff (Hrsg.)*

**Das Geheimnis jenseits aller Wege**

Was uns eint, was uns trennt

Gebunden mit Schutzumschlag, 144 Seiten
ISBN 978-3-89680-842-4
€ 16,90 (D), Vier-Türme-Verlag, 2. Auflage 2014

Anselm Grün und Willigis Jäger – für viele Menschen sind sie auf ihrem je eigenen Weg zu wichtigen Begleitern und Lehrern geworden. Heute sind Pater Anselm Grün und Zen-Meister Willigis Jäger die meistgelesenen geistlichen Autoren im deutschsprachigen Raum. Was verbindet sie, was trennt sie? Ehrlich, aufrichtig und in gegenseitiger Wertschätzung sprechen die beiden bekanntesten Mönche Deutschlands über ihre spirituelle Suche und über das, was in ihren Leben wichtig ist.

**Bibliographische Information der Deutschen Nationalbibliothek**

Die Deutsche Nationalbibliothek verzeichnet diese Publikation in der Deutschen Nationalbibliographie. Detaillierte bibliographische Daten sind im Internet über http://dnb.d-nb.de abrufbar.

MIX
Papier aus verantwortungsvollen Quellen
FSC® C014889
FSC
www.fsc.org

1. Auflage 2015

Umschlagfoto: P!xel 66/Fotolia.com
Umschlaggestaltung: Dr. Matthias E. Gahr
Satz und Layout: Christa Pfletschinger, München
Portraitfoto S. 153: Dirk Nitschke/Vier-Türme-Verlag
Druck und Bindung: Pustet, Regensburg
ISBN 978-3-89680-926-1

*www.vier-tuerme-verlag.de*